KB271457

면접
잔혹사

면접
잔혹사

┃ 살벌하고 통쾌한 실전 사례로 취업 전쟁에서 살아남기 ┃

이 충 섭

청림출판

한 그루의 나무가 모여 푸른 숲을 이루듯이
청림의 책들은 삶을 풍요롭게 합니다.

100전 100패는 없다

취업 특강을 통해 알게 된 한 구직자가 이메일을 보내왔다. 토익 점수 950, 평균 학점 3.49, 외국 연수 10개월의 괜찮은 스펙인데도 서류전형에서 50전 전패를 기록하고 있으니 "미치고 환장하겠다"는 내용이었다. 답답할 때면 미친 듯이 한강 둔치를 뛰어다니며 분을 삭이는데 다리에서 뛰어내리고 싶은 충동까지 든다고 했다. 이 구직자에게 존경하는 스승 홍수환 챔피언의 무명 시절 이야기를 해주었다.

홍수환은 그 시절 복서로서는 형편없는 자질을 갖고 있었다. 구두닦이나 껌팔이처럼 독해질 만한 경험도 없었고, 불우한 환경에서 자라지 않아 헝그리 정신도 없었다. 아마추어 선수 시절을 거치며 탄탄한 기초를 닦은 것도 아니었다. 아마추어로 데뷔했다가 두 번 싸워서 두 번 모두 패했고, 프로로 데뷔해서도 늘 패하거나 아니면 무승부를 기록할 뿐이었다. 결국 선수 생활을 포기하려는데 그렇게 복싱을 반대하던 어머니가 호통을 쳤다.

"사내자식이 그게 뭐냐? 적어도 한 번은 이겨보고 그만 둬라."

그 말을 듣고 정신이 번쩍 든 그는 마지막이라고 생각하고 링에 올랐다. 1라운드도 아직 끝나지 않았는데 숨이 찼다. 상대방의 부릅뜬 눈동자만 보였다. 1라운드를 마치고 오자 스승 김준호가 물었다.

"너, 지쳤냐?"

"네."

"괜찮아, 저놈은 더 지쳤어."

"!"

"그러니까 이번 라운드만 더 뛰어봐."

4전 5기의 신화도 그렇게 만들어졌다. 홍수환은 1977년 WBA 주니어 페더급 초대 챔피언 결정전을 위해 파나마 원정 경기에 나섰다. 하지만 11전 11KO승의 '지옥에서 온 악마' 헥토르 카라스키야에게 2라운드에만 무려 네 번을 다운당했다. 간신히 라운드를 마치고 코너로 돌아와 앉아 있을 때였다.

"너, 이름이 뭐냐?"

"네? 홍수환이죠."

다운을 당한 선수에겐 이름이나 날짜를 물어보곤 한다. 제정신인지 아닌지 알기 위해서다. 아직 이름을 기억하니 작전을 알아들을 수 있는 상태였다.

"포기 않고 왔으니, 딱 한 라운드만 더 뛰고 말자."

이렇게 더 뛴 한 라운드에서 세계 복싱 역사에 길이 남을 4전 5기의 신화, 기적의 명승부가 이루어졌다. 그가 네 번을 쓰러지고도 포기하지 않은 이유는 연습한 것이 아까워서였다.

"이 시합을 위해 얼마나 땀을 흘렸는데 맨정신에 어떻게 스스로 그만 둔단 말인가?"

계속된 실패로 차라리 포기를 생각하는 구직자들에게 꼭 해주고 싶은 말이 있다. 스스로 포기하기에 앞서 오늘의 내가 있기까지 뒷바라지 해준 가족들과 여러 은사들을 떠올려보라. 그들의 기대를 생각하면 결코 포기해서는 안 된다.

계속되는 탈락에 자책할 필요도 없다. 신입사원들을 상대로 내가 직접 조사해보니, 입사지원서는 평균 50회 이상 냈고 100회 이상 낸 경우도 적지 않았다. 50번 탈락을 했건 100번 탈락을 했건 어차피 합격에는 아무 지장이 없다. 입사한 회사는 이러한 전력을 알 수도 없고 알 방법도 없다.

"어차피 한 방만 때리면 되는 게임이다. 누구에게나 한 방은 있다. 있는지 없는지는 끝까지 가봐야 알 수 있다. 하지만 포기하면 알 길이 없다. 포기하지 마라!"

자살을 생각했다는 그 구직자, 내 충고를 듣고 한 번 더 지원해서 꿈에 그리던 합격 통보를 받았을까? 천만에다. 그 이후 입사지원서를 서른

세 번 더 보냈고, 그 결과 5승 28패의 전적을 기록했다. 최종면접까지 간 건 세 번이었고, 그 세 곳 가운데 두 곳에서 합격 통보를 받았다. 그리하여 그의 총 전적은 83전 81패 2승이 되었다. 면접도 못 간 서류전형 탈락을 KO패로 보자면, 81패 중 76KO패였다. 그러나 합격 통지서 앞에서는 그간의 마음고생도 씻은 듯이 사라졌다. 그저 행복한 고민만 있을 뿐이었다. 그는 그때 포기하지 않기를 정말 잘했다고 생각한다고 했다.

세상을 다 얻은 듯 성취감에 도취되어 있는 그에게 나는 다시 챔피언의 이야기를 들려주었다. 신입사원 대상 강연에서 홍수환은 늘 이렇게 말한다.

"나는 적지에서 주눅 들지 않고 당당히 맞서 싸워 두 번이나 세계챔피언이 되었습니다. 포기하지 않고 맞이한 3라운드의 50초가 내 인생을 바꿔놓았습니다. 하지만 두 번 모두 2차 방어에 실패하며 단명하고 말았습니다. 세상을 다 얻은 듯 자만했기 때문입니다. 챔피언이 되는 것도 중요하지만, 얼마나 롱런하느냐가 더 중요합니다."

그는 은퇴 후 많은 풍파를 겪었다. 국민영웅 자리에서 내려와 고국을 떠났다. 교포들이 가장 없을 것 같은 알래스카로 이민을 가 6년간 택시를 몰았다. 손님이 심부름 보낸 편지봉투에 마약이 들어 있어 마약 배달 누명을 쓰고 투옥되었고, 무죄 판결을 받기까지 6개월이 걸렸다. 신발 노점상을 해가며 모은 돈으로 귀국해서는 체육관을 차렸지만, 엉뚱한 일에 누명을 쓰고 3년 동안 재판을 받아야만 했다. 쉰 살이 넘어서야 그는 산업체 강사로 안정적인 삶을 꾸릴 수 있었다. 고난과 인내의 세월이 그를 최고의 강사로 만들었던 것이다.

취업이 끝이 아니다. 복싱으로 치자면 본격적인 선수 활동을 위한 프로테스트를 합격한 것에 지나지 않는다. 성공적으로 화려하게 시작할 수도 있고, 연패를 거듭하며 어려움을 겪을 수도 있다. 어렵게 들어간 직장을 입사할 때와 같은 노력이나 고민 없이 쉽게 그만 두기도 한다. 또 입사 후 바로 타성에 젖어 입사 때 했던 자기계발 약속을 공염불로 만들기도 한다.

취업은 데뷔전을 치른 것에 불과하다. 마치 챔피언이라도 된 양 자기만족에 겨워 할 일이 아니다. 성공의 관건에는 오랫동안 초심을 유지하는 것도 포함된다. 강한 자가 챔피언이 되는 것이 아니라, 일단 오래도록 살아남는 사람이라야 챔피언이 될 기회가 주어진다. 챔피언이 되어서도 마찬가지다. 안주하지 말고 배고프던 시절을 잊지 않고 성실하게 자기계발을 주도하며 인생의 챔피언으로 롱런해야 한다.

취업에 100전 100패란 없다. 다만 실패는 합격으로 가는 과정 중 하나일 뿐이다. 인생의 챔피언이야말로 더 어렵고 위대한 챔피언이란 사실을 잊지 말고 기적같은 승리를 이뤄내기 바란다.

차 례

chapter 1

면접의 목적은
1등이 아니라 통과에 있다

면접, 그 오해와 진실

면접의 목적은 1등이 아니라 통과에 있다

구직자와 직장에도 궁합이 있다

면접 때는 분명히 아무 문제가 없다고 했다. 본사가 위치한 지방 중소도시에서 근무하는 조건으로 모집 공고를 냈고, 비록 여성이지만 공장현장도 아니고 사무직으로 근무하는 것이니만큼 아무 문제가 없다고 했다. 활달하고 사교적인 성격도 합격에 긍정적인 영향을 미쳤다. 그런데 입사반년이 지날 무렵부터 그 밝던 표정은 간 데 없고 침체된 모습을 보이더니 결근도 잦아졌다. 이유를 물어보니 예상대로였다. 지방 근무에 대해 물론 각오는 했지만, 지금 자신의 모습은 그동안 꿈꿔온 회사원의 모습과는 너무 동떨어져 있다고 했다. 그녀가 꿈꿔온 회사원의 모습은 목에 멋진 신분증을 걸고, 점심시간이면 동료들과 즐겁게 식사를 하고, 돌아오는 길에는 커피숍에 들러 한 잔의 아메리카노를 마시는 것이었다.

화장실 들어갈 때와 나올 때가 사뭇 다르다는 말이 실감났다. 자신은 회사를 세계적인 반열에 올려놓는 데 큰 역할을 할 사람이라고 큰소리를 쳤고, 말도 통하지 않는 다른 나라에서도 혼자 잘 지냈는데 지방 근무가 무슨 문제냐고 반문했던 게 불과 반년 전이었다.

물론 구직자에게만 책임이 있다고 생각하진 않는다. 어쩌면 회사의 책임이 더 크다. 채용 과정에서 현실적인 상황을 제대로 알려주지 못했거나 일단 합격하고 보자는 식으로 의욕만 앞선 구직자를 제대로 분별해내지 못했기 때문이다.

또 다른 예도 있다. 2년 가까이 중소기업에 다니며 토익 점수를 올리고 대기업 취업을 꼼꼼히 준비해 입사에 성공한 경우였다. 신입사원 교육에서 그는 단연 군계일학이었다. 보고서 작성, 프레젠테이션, 직장 매너 등 모든 면에서 뛰어난 성적을 보여 원하는 부서에도 배치받았다. 하지만 1년 뒤, 그는 사직서를 냈다.

중소기업을 다닐 때, 그는 납품을 받기 위해 대기업의 비위를 맞추느라 쩔쩔 매는 선배를 보며 대기업 직원이 되리라 결심했다. 그리고 각고의 노력 끝에 목표를 이루었다. 하지만 막상 대기업 직원이 되어보니 전 직장에 비해 별반 하는 일도 없이 야근까지 하며 보고서나 고치는 생활에 크게 실망했다. 게다가 '갑' 노릇을 하는 대기업 과장쯤 되려면 앞으로도 한참을 더 순응하며 버텨야 했다. 그럴 자신도 없고 의지도 없었다.

그는 지금 작은 벤처회사에서 일하고 있다. 더 많은 일을 더 빨리 배워나갈 수 있는 작은 조직에서 일하는 데 만족한다. 높은 성취감을 맛보며, 마치 물 만난 고기처럼 활력 넘치는 직장생활을 하고 있다.

구직자와 직장에도 궁합이 있다. 그래서 기업의 채용은 성적에 따라 합격이 결정되는 대학입시와 같은 방식으로 치러지지 않는다. 명문대 졸업자 중 스펙 좋은 사람을 점수 순으로 선발하는 게 아니기 때문에 면접이 존재한다. 그런데도 구직자들은 스펙에 목숨을 건다. 직장을 선택하는 것도 대학교를 정할 때와 마찬가지다. 전공이 아니라 학교의 레벨을 중요시하듯 업종과 자신의 성향, 근무지역 등은 고려하지 않은 채 회사의 규모와 연봉만 우선시한다.

어렵게 입사해서 2~3년 근무하다 사직서를 내는 직원들이 많다. 동종업계에 조금 더 나은 조건으로 옮겨가는 경우가 많고, 유학을 가거나 학교로 돌아가는 경우도 있다. 하지만 그 외에도 매우 다양한 길을 간다. 현재의 절반도 안 되는 급여를 마다 않고 봉사활동 단체로 가거나, 경찰관 시험에 합격해 파출소에서 근무하기도 하고, 공무원 시험을 치르고 전직하기도 한다. PC방을 차리거나 회사 근처에 테이크아웃 커피 전문점을 내거나 입사면접 때 내세웠던 휴대전화 판매 아르바이트 경험을 살려 휴대전화 대리점을 열기도 한다. 학생 시절부터 했던 과외 교습을 회사 일과 병행하다 결국 전업 과외 선생이 된 경우도 있다. 연고자 하나 없는 제주도에 가서 작곡과 밴드 활동을 하고 있는 한 친구는 생활비도 적게 들고 공기도 좋으니 제주도에 꼭 한번 와보라 연락을 해오기도 했다.

이런 이들에게 반드시 물어보는 말이 있다. 그동안 회사에 몸담았던 몇 년은 어떤 의미를 지니는가를. 예상한 대답은 이러했다.

"길지 않은 시간이었지만 대기업이라는 조직이 어떻게 운영되는지 알 수 있었고, 많은 사람들과 함께 지내면서 어떻게 처신해야 하는지 배웠습니다. 사회생활이 어떤 것인가를 잘 훈련받은 셈이지요."

그러나 예상은 철저히 빗나간다. 그들은 한결같이 말했다.

"왜 그렇게 대기업 취업에만 매달렸는지 모르겠습니다. 학교도 왜 취업의 길만 열어주고 그 길로만 학생들을 내몰았는지 이해가 안 됩니다. 비싼 등록금 내고 학교 좋은 일만 시켜준 셈입니다. 회사에서도 그 안에서나 자부심을 느꼈을 뿐이지, 세상 밖으로 나와보니 그 안에서의 경험을 적용할 수 있는 일이라곤 없었습니다. 이제부터는 내가 원하는 인생을 열심히 살겠습니다."

이들이 적응하지 못하고 떠났기에 하는 말은 아닐 것이다.

인생은 되돌아올 수 없는 편도 여행이다. 대기업 입사를 준비하기에 앞서 스스로 어떤 삶을 살고 싶은지 돌아봐야 한다.

첫 직장, 환상을 버려야 잡는다

대학원에서 공부를 하거나 인턴사원 근무, 어학연수를 하느라 서른을 훌쩍 넘긴 구직자를 만나는 것은 이제 특별한 일이 아니다. 최근의 채용면접에서도 30대 중반의 구직자들을 만났다. 그 가운데 한 명은 박사학위가 있는 것도 아닌, 그야말로 대졸 신입사원 지원자였다. 복수전공으로 대학에서 2년 더 공부하고 어학연수 2년에 인턴사원으로 미국에서 1년, 한국에서 2년 동안 근무하느라 서른넷에 이른 그는 다른 구직자들에 비해 세련되고 현실감각이 있었다. 프레젠테이션 면접과 영어면접, 전공면접 어느 하나 나무랄 데 없었다.

그는 이공계열 전공이지만 경영 관련 부전공을 선택해 관리직으로 성장할 수 있는 역량을 갖추려는 계획을 세웠고, 그 계획에 따라 충실히 실천했다고 자신을 어필했다. 영어도 꼬박 2년간 해외에서 어학공부만 했고 인턴생활도 무려 3년을 했다. 그렇게 준비를 거듭하는 동안 입사서류를 낸 곳은 몇 군데 되지 않았다.

문제는 인성면접이었다. 대화를 해보니 그는 우유부단하고 자신감이 결여되어 있었다. 아무 것도 모르는 상태에서 면접 진행을 도운 직원이 귀띔해준 정보도 이를 뒷받침해주었다. 대기시간 내내 그는 안절부절 못하며 직원에게 물었다.

"왜 내 순서가 뒤쪽입니까? 가나다순은 아닌 듯한데, 성적순인가요? 혹시 나이순은 아닙니까?"

집요하리만치 질문하며 직원을 귀찮게 해서 면접관에게 따로 이야기가 들어올 정도였다. 그는 채용되지 못했다.

또 다른 30대 지원자는 모 기업 연구원으로 4년째 일하고 있었다. 중소기업에 다니다 대기업에 신입사원 지원을 하는 경우는 많지만, 같은 대기업에 다니다 경력이 아닌 신입으로 지원한 드문 경우였다. 이유를 물었더니 그는 이렇게 대답했다.

"경력사원으로 이직하면 전에 했던 일과 똑같은 일을 해야 하는데, 그보다는 아예 신입사원으로 돌아가 다른 분야에서 새로 시작하고 싶습니다."

"신입사원으로 입사하면 연봉이 지금보다 천만 원 가까이 적어집니다. 알고 있습니까?"

"물론 알고 있고, 얼마든지 감수할 용의가 있습니다."

"적은 연봉을 감수하면서까지 이직하려는 이유가 뭡니까?"

"지금 다니는 곳은 직원들을 제대로 대우하기는커녕 비인간적인 처사를 일삼습니다. 가시적인 성과가 나올 때까지 합숙을 하며 밤낮 없이 일해야 합니다. 기본적인 삶 자체가 무너지고 있기에 이직을 원합니다."

"떨어지면 어떻게 할 생각입니까?"

"계속해서 다른 회사를 알아볼 예정입니다."

이런 식으로 여러 회사를 옮겨 다니는 이들을 적지 않게 봐왔는데, 새 직장에 성공적으로 적응하는 경우는 거의 없었다. 이 지원자도 합격하지 못했다.

첫 직장 선택은 신중해야 한다. 졸업 후 전공에 따라 들어갈 수 있는 직장의 범위가 정해진다는 점을 충분히 인지하지 못하고 대학에 지원하는 것처럼, 첫 직장의 업종과 직무에 따라 평생 일할 분야가 정해진다는 점을 제대로 인지하지 못하는 경우가 많다. 일단 합격만 하고 보자는 식으로 입사지원서를 마구 뿌리다보면 얼마 지나지 않아 다른 선택을 고민하게 될 확률이 높다. 각고의 노력 끝에 입사한 직장을 한두 해 다니다 말고 다른 직장을 알아보는 모습은 허탈한 웃음과 씁쓸한 눈물이 교차되는 블랙코미디 같다.

더 여건이 좋은 곳으로 이직했다 해도 만족하기란 쉽지 않다. 신입사원으로 처음부터 적응하는 것과 경력사원으로서 신입사원보다 높은 수준의 성과를 요구받으면서 기존의 조직에 끼어드는 것은 차원이 다르기 때문이다.

일단 대기업에서 직장생활을 시작하면 이점이 많다. 한국 사회에서 대기업에 입사했다는 것은 이미 한 번 검증되었음을 뜻하고, 이는 신뢰할 수 있는 인증서로 통하기 때문이다. '대기업 출신'이라는 경력은 학벌처럼 직장인의 신분을 정하는 게 사실이다. 대기업에서 중소기업 출신 관리자를 스카우트하는 경우는 흔치 않다. 또 엔지니어로 창업을 하더라도 대기업에 다니다 인맥을 통해 대기업 납품을 보장받는 길이 가장 안전하고 확실하다. 현실이 이러하니 인재들이 대기업으로만 몰리는 것도 어찌 보면 당연한 일이다.

앞서 예로 든 30대 신입사원 지원자처럼 오랜 세월 준비해도 들어갈까 말까 한 대기업인데, 그토록 어려운 관문을 통과한 이들의 충성심이나 소속감은 예전보다 못하다. 고용이 보장되는 평생직장 개념이 무너졌기 때문이다. 대기업 가운데서도 연봉이 높은 곳일수록 생존경쟁이 더욱 치열하기 때문에 이직율도 높다. 거대한 조직 안에서 제한적인 일을 하는 동안 조직생활 자체에 환멸을 느끼고 퇴사하는 경우도 많다.

대기업 입사자들이 가장 크게 실망하는 부분은 상상 이상으로 제한적이고 일상적인 업무다. 면접에서는 창의성과 도전정신, 열정을 요구하더니 채용해놓고는 조직의 분위기에 순응하기를 바라고 보고서 쓰는 일만 시킨다는 것이다. 길잡이가 될 만한 역할 모델을 찾을 수 없는 것도 좌절감을 준다. 신입사원 시절에는 누구보다 똑똑하고 패기 있었을 선배들이 배 나오고 머리가 벗겨지도록 일상적인 업무에 찌들어 살고 있는 모습을 보면 안타깝고, 그 길을 답습하게 될 자신의 모습을 떠올리면 답답하기 그지없다. 설혹 오랜 기간 적응하고 인내해서 직책보임자가 된다해도 팀원들을 이끌고 무언가 주도적인 일을 할 수 있을지도 미지수다. 오히려 그 위치에서는 조직의 일원으로 더 빡빡하게 움직여야 한다.

구직자는 물론 기존 직원들도 이제는 환상을 깨야 한다. 직장은 복지 기관이나 전인교육 기관이 아니다. 때맞춰 급여를 올려주고, 전세자금도 저금리로 대출해주고, 사내 동호회로 여가활동도 뒷바라지해주고, 원하는 교육을 무상으로 제공해준다고 홍보하지만, 이는 어디까지나 기업 이미지와 이윤을 극대화하기 위한 단편적인 수단일 뿐 직원들의 자기관리와 정신건강, 노후까지 책임지고 보장한다는 이야기는 아니다.

육체적 건강뿐 아니라 업무로 인한 정신적 스트레스를 책임져야 할 주체는 본인 자신이다. 기업이 인재를 채용할 때 건전한 생활태도와 취미생활의 깊이, 봉사활동 여부, 자기계발 노력을 평가하는 이유도 여기 있다. 고단하고 지루한 업무를 견뎌내고 롱런할 바탕은 전공지식이 아니라 자기계발 의지와 노력이다. 대기업이든 중소기업이든 마찬가지다.

조직의 일원이 된다는 것, 회사원으로 일한다는 것에 대한 환상부터 버려야 첫 직장을 제대로 잡을 수 있다.

뛰는 구직자 위에 나는 면접관

올 초 신입사원 교육 때였다. 휴식시간, 한 신입사원이 다가와 빙긋 웃으며 말을 건넸다.

"차장님, 작년하고 똑같은 옷을 입고 계시네요."

"아니, 어떻게 알았죠?"

그는 취업 준비 모임을 통해 우리 회사에 관한 자료들을 치밀하게 수집했다. 이 자료들에는 작년 신입사원 교육 때 찍은 사진도 있었다.

나중에 알았지만, 그는 신입사원 커뮤니티를 통해 교육담당자의 성향은 물론 신입사원 교육에 관한 모든 것을 파악하고 온 상태였다. 하물며 채용면접 때임에랴. 질문 내용은 물론 전공면접, 영어면접, 프레젠테이션 면접을 할 면접관들의 나이, 전공, 소속 부서까지 미리 파악하고 있었다고 한다.

낙타가 바늘구멍에 들어가기보다 어려운 취업난 속에서 체득된 구직자들의 정보력은 놀랍기만 하다. 돈만 내면 '○○○○년도 ○○○사 신입공채 서류합격 자기소개서'를 얻을 수 세상이다. 면접 기간 중에 당일 면접을 보고 간 이들이 구직 관련 사이트에 후기를 올려놓았다는 사실을 처음 알았던 때는 사뭇 분하고 허탈했다. 배신감마저 들었다.

"생각보다 까다롭지 않았다. ○○사에 비해 평이했다."

"최종면접 때 기억나는 유머 한 마디를 해보라고 하니 준비할 것."

"인사담당자 중 사원으로 보이는 사람은 재수 없고, 채용담당부장은 인상이 좋은데 그래도 포스는 장난이 아니더라."

"예상문제에서 많이 빗나가지 않았다."

"실적에 따라 나올지 말지 불확실한 성과급을 제외하면, 실제 연봉은 얼마라더라."

경쟁자들에게 유리한 정보이니 처음에는 입사를 포기한 사람이 썼을 거라고 생각했다. 하지만 지금은 정보 제공 자체를 즐기는 인터넷 세대의 전형적인 모습임을 이해하고 있다. 정보의 시대이니만큼 유용한 정보를 확보하는 일을 나무랄 순 없다. 하지만 합격자의 자기소개서 샘플을 교재로 팔고, 이를 사서 보는 모습은 참으로 안타깝다. 처음에는 참조만 할 생각이었겠지만, 어느새 익숙해져서 자신도 모르게 카피를 하게 된다면 치명적인 결과를 초래할 수밖에 없다. 각 기업의 채용담당자는 그런 책에 언급된 자기소개서를 이미 수십 번 탐독해서 유사한 내용은 베껴 쓴 글로 간주하기 때문이다.

변별력을 위해 면접 방식은 계속 복잡하게 변화할 수밖에 없다. 정보 유출이 감지될 때는 질문 유형을 전혀 다른 방향으로 바꾼다든지, 특정 학교 출신에 합격자가 편중되어 있다면 그 학교 출신이 전체 합격자의 10퍼센트를 넘지 못하도록 내부 규정을 새로 두는 식이다. 이 경우 운 좋게 대거 합격한 특정 학교 출신은 쾌재를 부를지 몰라도, 바로 뒤 후배들은 피해를 입게 된다.

착실하고 우직하게 기본기를 연마한 사람이 성공하는 풍토가 아쉽다. 각종 편법과 꼼수에 몰두하는 모습은 더 늦기 전에 바로잡아야 할 사회적인 숙제다.

본선만 통과하면 그만

2010년 밴쿠버 동계올림픽에서 김연아, 아사다 마오, 안도 미키는 치열한 3파전을 벌였다. 피겨스케이팅 기술 가운데 트리플 악셀 점프는 가장 고난이도여서 최고 가산점까지 받을 수 있다. 때문에 아사다 마오는 트리플 악셀 점프를 준비했다. 제대로 구사하기만 한다면 우승을 기대할 수 있었다. 반면 김연아는 최고 난이도의 기술을 포기하는 대신 기술들을 실수 없이 연결해 예술성을 높이는 전략을 썼다. 결과는 김연아의 우승. 아사다 마오는 트리플 악셀 점프를 완벽히 구사하는 데 실패했고 실수 없이 연기를 매끄럽게 이어간 김연아에게 금메달이 주어졌다. 게다가 〈뉴욕타임스〉는 김연아를 "늘씬한 체형과 고상하고 기품 있는 이미지가 아사다 마오보다는 피겨 여왕에 더 어울렸다"고 평가했다.

이듬해, 김연아가 출전하지 않은 세계선수권대회에서 아사다 마오는 강력한 우승 후보였다. 하지만 그녀는 또다시 우승을 놓치고 말았다. 김연아처럼 최고 난이도의 기술은 아니어도 실수 없이 깔끔하게 마무리를 한 안도 미키가 그 해의 우승자였다. 2012년 세계선수권대회에서도 아사다 마오는 트리플 악셀 점프를 시도하다 실패하며 6위로 추락했다. 이제는 전문가뿐만 아니라 팬들조차 그녀에게 '현실을 직시하고 무리한 기술은 포기하라'고 충고한다.

면접에서도 김연아와 같은 전략이 필요하다. 게다가 기업 채용면접은 우승자 한 명을 선발하는 대회가 아니다. 서류전형과 적성검사를 통해 예선은 통과했으니 본선인 면접만 통과하면 된다.

조별 면접에서도 마찬가지다. 조에서 1등을 해야 합격선에 든다고 착각해 어떻게든 최고가 되려고 무리수를 두는 경우를 많이 본다. 예를 들면 누군가가 재치 있는 유머로 주목을 받으면, 더 재치 있는 유머를 구사하려다 오히려 분위기를 썰렁하게 만든다. 집단토의에서 자신보다 말을 잘하는 사람이 있으면 제압해야 한다는 마음에 무리한 논리를 펴다가 화를 자초하기도 한다.

자신의 조건이 불리하다고 판단해 예정에 없던 모험을 감행하는 경우도 여러 번 보았다. 앞서 자기소개를 한 구직자들이 소위 명문대 출신에 대단한 '스펙'을 갖춘 것에 주눅이 든 나머지 '오버'를 하다 면접을 그르친다. 아사다 마오가 끝까지 트리플 악셀 점프를 고집한 것도 모험을 감행하지 않으면 질 게 빤하다는 콤플렉스 때문이었다.

김연아가 대단한 것은 막중한 부담감을 안고서도 끝까지 마인드컨트롤을 유지했기 때문이다. 올림픽 경기 후 언론과의 인터뷰에서 김연아는 ‘세계 랭킹 1위니까 당연히 금메달을 따지 않겠느냐는 기대가 가장 힘든 부분이었다’고 고백하기도 했다.

4년을 준비해 맞이한 올림픽 무대, 대부분은 앞서 출전한 선수들이 높은 점수를 받으면 더 잘해야 한다는 부담감이 들게 마련이다. 경쟁자가 실수를 해도 안도하기보다는 자신도 실수를 할까봐 더 긴장한다. 하지만 김연아는 이런 저런 경우의 수를 따지며 걱정하는 대신 ‘내가 연습한 것, 내가 가진 실력만 보여주면 된다’는 마음으로 연기를 펼쳤다. 어린 나이에 대단한 담력을 갖췄다. 바로 이것이 세계 챔피언의 실력이자 우승 조건이다.

초등학교부터 대학교까지, 4년에 한 번 열리는 올림픽이 다섯 번 열릴 동안 준비해서 맞이한 기회의 최종 관문이 채용면접이다. 이 순간 구직자들은 올림픽 선수보다 더 긴장하고, 잘해야 한다는 마음이 절실하다. 긴장한 나머지 대기하는 중에 화장실을 계속 들락거리다 면접에 늦게 들어온 사람, 경직된 자세로 주먹을 꽉 쥔 채 질문을 알아듣지도 못하는 사람, 면접 진행자에게 “제 옷이 이상하진 않나요?”라고 묻고 또 묻는 사람이 제대로 실력을 발휘할 리 만무하다.

쟁쟁한 경쟁자들 속에서 혼자만 초라해 보이기는 모든 구직자들이 마찬가지다. 조건이 뛰어난 구직자들은 그들대로 부담감에 시달린다. 동기들은 이미 좋은 직장에 합격한 상태고 본인 역시 최고의 스펙을 갖췄는

데 불합격한다면 그만큼 자괴감이 드는 일도 없을 것이다. 그들도 긴장하기는 마찬가지라는 사실을 안다면 그토록 떨고 주눅 들 이유가 없다.

면접은 다른 구직자와의 경쟁이 아니다. 면접관과의 언어 커뮤니케이션으로 이루어지는 일종의 신뢰 게임이다. 다른 구직자들을 너무 의식할 필요는 없다.

원하는 사람도 유행에 따라 바뀐다

대기업에서는 매년 그룹사 차원의 연구조사를 통해 채용정책과 방침을 정해서 인사담당자들에게 전달한다. 여기에는 경쟁사를 비롯해 국내 산업 전체를 망라한 채용트렌드 연구 결과가 반영된다. 불과 10여 년 사이 경영 환경은 여러모로 변했고, 기업이 선호하는 인재상도 변화해왔다. 전국경제인연합회에서 국내 500대 기업을 대상으로 '기업이 원하는 인재상'에 관해 조사한 결과, 지난 10년간의 변화는 다음과 같다.

우선순위	1순위	2순위	3순위	4순위	5순위	6순위
2002년	전문성	국제감각	조직성	도전정신	도덕성	창의성
2012년	도전정신	도덕성	창의성	조직성	전문성	국제감각

월드컵이라는 전 세계적 이벤트가 열린 2002년에 기업들은 국제감각을 갖춘 전문인력을 원했다. 그러나 지금은 도전정신을 갖춘 도덕적이고 창의적인 인재를 원한다. 이미 국제화가 이루어진 이유도 있지만, 글로벌 금융위기 등으로 인한 불경기에 이를 타개할 도전정신이 필요하기 때문이다.

또 각종 게이트와 뇌물사건이 드러나 지탄받는 상황에서 기업윤리가 강조되면서 그 구성원들에게도 도덕성을 요구하는 것이 최근 동향이다.

또한 '똑똑한 사원 한 명이 만 명을 먹여 살린다'는 모 그룹 회장의 말처럼, 기업은 창의성 있는 인재를 원하고 있다. 경기 침체로 사기가 떨어진 기업에서 돌격대 역할은 뭐니 뭐니 해도 패기 넘치는 신입사원의 몫이다. 이들이 가진 것이 도전정신과 창의력 아니겠는가.

현재 기업이 가장 선호하는 특성인 도전정신은, 어떤 과정을 통해 결과를 얻었는지로 평가할 수 있다. 예를 들어 똑같이 6개월간 어학연수를 다녀왔다면, 과거에는 토익 점수나 회화 능력이 높은 사람이 더 열심히 공부했다고 여겨져 좋은 평가를 받았다. 하지만 도전정신은 어학연수 비용을 어떻게 마련했는지, 특정 국가로 연수를 떠난 이유는 무엇인지, 공부만 했는지 아니면 다른 일에도 도전해보았는지 등을 따져본다. 어느 구직자는 어학연수 국가로 영국을 택한 이유를 묻는 질문에 이렇게 대답했다.

"이왕 배우는 거, 본고장에서 배우고 싶었습니다. 박지성 선수가 뛰는 프리미어리그 축구 경기를 직접 보고 싶은 마음도 컸습니다. 비용은 물론 다른 지역보다 훨씬 더 들었지만, 빌딩 유리창 청소 아르바이트로

2년간 돈을 모아 결국 꿈을 이뤘습니다."

다른 국가에서도 얼마든지 영어를 배울 수 있는데 왜 비용이 많이 드는 영국까지 다녀왔느냐고 물으면 대부분은 마치 죄인이라도 된 양 얼 버무린다. 하지만 그는 달랐다.

도전이란 목숨을 걸고 안나푸르나를 등반하는 일만이 아니라 익숙 하지 않은 일, 한 번도 해보지 않은 일, 전혀 새로운 일에 적응하는 것이 기도 하다. 시대의 흐름에 따라 변화하지 못하면 도태되는 요즘은 변화 를 기꺼이 받아들이는 것 역시 도전정신의 발로다.

기업에서는 변화도 모자라 혁신을 추구한다. 전 직원에게 스마트폰 을 지급하고, 업무용 홈페이지 포털 화면을 수십에서 수백억 원까지 투 자해 제작하고, 원활한 소통과 지식 공유를 위해 블로그를 운영하고, SNS 사용을 적극 권장한다. 하지만 '그럴 돈 있으면 월급이나 올려달라' 는 직원들이 있게 마련이다. 그들은 새로운 것을 배우기 싫어하고 불평 하며 변화를 거부한다. 장래 이런 모습을 보일 직원을 채용하지 않기 위 해 기업은 구직자에게 묻는다.

당신의 단점은 무엇입니까?
그 약점을 보완하기 위해 어떤 노력을 기울였습니까?
최근에 시도한 도전은 어떤 것이었습니까?

대부분의 구직자는 자신의 단점에 대해 이렇게 대답한다.

남의 말을 그대로 믿어서 가끔 곤혹스런 일을 당합니다.

남의 부탁을 거절하지 못하는 성격이어서 손해를 보곤 합니다.

한 가지 일에 몰두하는 성격이라 다른 일을 놓칠 때가 있습니다.

한마디로 약점을 빙자한 장점인데, 도전정신을 어필하는 차원에서는 의미 없는 대답이다. 모범 답안은 다음과 같다.

저는 이공계 출신이라 수학은 자신 있지만 영어, 특히 회화에는 정말 자신이 없었습니다. 심한 사투리까지 써서 제가 영어 한마디를 하면 듣는 사람마다 웃어서 점점 더 자신감을 잃었습니다. 하지만 취업을 위해 반드시 영어회화 능력을 갖추자고 결심했고, 학교의 외국인 유학생들과 친해지려는 노력을 했습니다. 처음에는 영어를 모국어로 하지 않는 아시아 출신 학생들에게 다가가 우리말과 영어를 섞어 써가며 말문을 열었습니다. 그렇게 교제를 시작해 2년 동안 친하게 지내면서 결국 영어에 대한 두려움을 극복하고 회화 실력을 향상시킬 수 있었습니다.

도전은 결과보다 과정이다. 비록 실패했어도 열악한 환경에서 시도를 했다는 자체만으로 충분히 어필할 수 있다. 구체적인 목표가 있어야 도전이 이루어지므로 왜 그런 도전을 했는지 설명하면 된다.

기업이 원하는 인재는 시대와 환경에 따라 변한다. 이를 파악하고 취업 전략을 세운다면 성공 가능성은 훨씬 커질 것이다.

노 마마보이, 노 파파걸

“아버님은 지금 무슨 일을 하고 계십니까?”

“로비에서 기다리고 계십니다.”

실제로 있었던 일이다. 면접에서 부모의 직업을 묻는 경우는 거의 없지만, 자기소개서에 가장 존경하는 인물이 아버지고, 아버지의 사랑으로 자랐으며, 아버지는 훌륭한 분이라는 표현이 유독 잦기에 나온 질문이었다.

S그룹의 채용담당자는 부모와 동행한 구직자를 체크하기도 한다. 회사 앞까지 차로 데려다주는 것은 어쩔 수 없다 쳐도, 로비에서 넥타이와 머리를 매만져주고 대기실 앞까지 함께 가 면접이 끝날 때까지 기다리는 부모를 둔 구직자를 회사는 어떻게 평가할까?

구직자의 부모들 가운데는 대학입학시험이 치러지고 있는 학교 정문에 엿을 붙여놓은 채 자녀의 합격을 기도하는 모습을 연상시키는 부모들이 있다. 로비의 내방객용 소파에 대기하며 자녀와 점심 도시락을 같이 먹고 예상 질문으로 인터뷰 연습을 시키던 부모도 있었다. 입사한다면 엄마가 출퇴근을 시켜줄 듯했다.

기업 가운데는 부모의 과보호를 받는 구직자를 파악했다가 무조건 탈락시키는 곳도 있다. 사실 학원부터 과외 선생님까지 엄마가 정해준 대로 따르며 또박또박 스펙을 쌓아 입사하는 경우가 적지 않다. 이렇게 부모의 과보호 속에 성장한 경우 대개는 조직 적응력이 떨어지는 것은 물론 회사를 난처하게 만드는 사건을 일으키곤 한다. 실제로 많은 면접관들이 과보호를 받고 자란 신입사원과 관련된 씁쓸한 기억들을 갖고 있다.

모 그룹 사장으로 재직하는 아버지를 둔 어느 신입사원은 상사에게 잔소리를 들었다는 이유로 화장실도 아닌 사무실에서 큰 소리로 울어버렸다. 영문을 모르는 사람들은 상사가 심한 욕설이라도 퍼부은 줄 알았다고 한다. 방송사 PD인 어느 아버지는 자녀가 대리 승진에서 탈락하자 담당 임원에게 전화를 걸어 강력히 항의했다. 딸의 부족한 점을 납득할 수 있도록 해명하지 않으면 회사에 해가 될 내용을 보도하겠다는 협박도 덧붙였다. 한 어머니는 자녀의 지방 발령 때문에 회사를 직접 찾아왔고, 멱살잡이 직전까지 갈 만큼 막무가내로 선배에게 대들던 한 신입사원은 자신의 고모부가 누군지 아느냐고 엄포(?)를 놓았다. 일주일이 멀다 하고 지각을 하는 어느 직원의 어머니는 그때마다 팀장에게 전화를 걸어 자기

딸이 오늘 어디가 얼마나 아픈지를 보고했다.

이런 일들을 겪고 나면 그들의 입사지원서를 다시 꺼내 살펴보게 된다. 한결같이 풍족한 집안에서 부모의 적극적인 지원을 받으며 명문 학교를 졸업한, 그야말로 엘리트 코스를 밟아온 신입사원들이었다.

예전과 달리 한두 명의 자녀만 낳아 전폭적인 지원을 아끼지 않는 세태에서 과보호가 일어날 수 있다는 점을 이해한다. 그래도 면접관의 입장에서는 이런 구직자를 결코 긍정적으로 평가할 수 없다. 면접관의 입장에서뿐만 아니라 나이 든 세대의 입장에서도 해를 거듭할수록 우리의 젊은 세대가 점점 더 철없고 유치해져가는 것을 느낀다. 면접 중 아버지의 충고에 따라 전공을 바꿔 편입을 했고, 어머니와 같이 어학연수를 다녀왔다는 등의 이야기가 등장할 때가 그렇다.

물론 진로에 대해 부모와 상의할 수 있지만 최종 선택은 오로지 본인의 몫이다. 그런데 아버지의 뜻에 따라 진로를 결정했다고 표현한다면 실제로 본인이 아니라 아버지가 결정한 것이다. 또 공부에 지장이 없도록 어머니가 어학연수를 따라와 집을 얻어주고 밥도 해주며 돌봐주었다는 이야기를 아무 생각 없이 하는 이들을 만날 때면, 내 앞에 앉은 구직자는 면접장 근처 어딘가에서 기다리고 있을 부모의 아바타가 아닐까 하는 생각이 든다.

회사가 원하는 인재는 부모의 아바타가 아니라 독립적이고 자존감 있는 한 사람의 성인이다.

인턴 경험이 해가 될 때

경력사원과 신입사원의 차이는 무엇일까? 기업의 입장에서 신입사원은 기업문화 육성과 미래를 위해 최소 3년간 투자할 목적을 갖고 채용한다. 반면 경력사원은 좀 더 비싼 임금을 지불하는 대신 당장 수익을 내줄 것을 기대하고 채용한다.

신입사원의 경우 상향평준화에 의해 변별력이 없어진 것이 최근 추세다. 사실 신입사원 면접을 보는 것인지 경력사원 면접을 보는 것인지 헷갈릴 정도다. 보통은 수개월에서 길게는 수년까지 대기업 인턴 근무를 경험한데다 각종 교육을 통해 직장예절은 물론 보고서 작성법까지 배운 상태에서 면접을 보기 때문이다. '명함을 꺼낼 때는 명함지갑에서 꺼내야지 주머니에서 바로 꺼내면 결례고, 건넬 때는 이름이 거꾸로 보이지 않도록 해야 한다'는 등 아직 있지도 않은 명함을 건네는 예절까지 돈과 시간을 들여 배우는 현실이 딱하기도 하다.

인맥이나 인터넷을 통해 지원하는 회사의 문화와 분위기까지 속속들이 파악하는 경우도 많다. 그러다보니 면접에서도 여유 있게 척척 대답을 이어간다. 면접관의 날 선 질문에도 당황하지 않고 능구렁이처럼 잘 넘어가 그야말로 완승을 거두는 것처럼 보인다. 하지만 좋은 결과로 이어지지는 않는다. 그렇다면 패인은 무엇일까?

구직자들은 마치 대단한 무기라도 갖춘 듯 인턴 경험을 내세우기 바쁘다. 당장 현업에 투입해도 문제없을 만큼 적응도 빨리 하고 업무도 잘 처리할 거라고 어필하려 든다. 하나는 알고 둘은 모르는 탓이다. 학생 입장에서는 대단하게만 보였던 직장생활을 경험해보았다는 것, 그 조직에서 작은 역할이라도 수행해냈다는 것은 큰 성취감과 자부심을 가질 만한 사건이다. 하지만 인턴사원으로 근무했다는 경험 자체가 중요한 것은 아니다. 직장마다 문화가 다르기 때문이다.

첫 직장의 분위기, 처음 만난 상사의 업무 스타일에 따라 평생의 직장생활 방향이 정해지기도 한다. 첫 직장, 첫 부서가 힘든 곳이면 당장은 고되어도 향후 어떤 곳에 가서도 너끈히 적응할 수 있는 역량을 키울 수 있다. 같은 입사 동기라도 호랑이 같은 상사를 만나 꼭두새벽에 출근해서 야근을 밥 먹듯이 했던 사람과, 편한 부서에서 마음씨 좋은 상사에게 대접받으며 직장생활을 시작한 사람의 적응력은 같을 수가 없다. 따라서 어떻게 인턴 근무를 했느냐가 중요하지 인턴 근무 자체가 중요한 것은 아니다. 인턴으로 이미 첫 경험을 한 신입사원은 오히려 조직이 원하는 업무방식을 제대로 소화해내기가 힘들다. 밑그림이 한 번 그려진 도화지와 같기 때문이다.

회식 때마다 당연히 2차, 3차를 가는 줄 알고 있고 술도 폭음을 하는 신입사원이 있었다. 알고 보니 인턴으로 일했던 곳의 회식문화가 그러했던 탓이었다. 어느 영업사원은 법인카드로 회사 앞 퇴폐업소를 들락거리다 감사에서 적발되어 결국 퇴사했는데, 잠깐 몸담았던 중소기업에서는 그런 영업 방식에 전혀 문제가 없었다는 항변을 하기도 했다. 또 예전 회사의 자유로운 분위기에 익숙했던 한 구직자는 새로 옮긴 회사의 경직된 분위기를 견디지 못하고 결국 이직을 선택하기도 했다.

구직자들은 이런 점을 간과하고 이전 경험을 내세우기만 급급하다. 고수일수록 자신의 실력과 이력을 고스란히 드러내기를 꺼린다. 애써 감춘다기보다는 일부러 자랑하지 않는다. 모르는 사람과의 당구 게임에서 자신의 실력을 어떻게 얘기하는지 생각해보면 쉽다. 일부러 실력을 부풀려서 말하지는 않을 것이다.

인턴 경험을 이야기할 때는 경험했던 업무 위주로 말하되 전공을 이해하는 데 도움이 되었다는 쪽으로 풀어가는 편이 좋다. 만약 전공이나 지원하는 회사의 업무와 무관한 경험이었다면, 비록 다른 분야였지만 팀워크를 배우고 협업의 중요성을 깨닫는 데 도움이 되었다고 겸손하게 접근해야 한다. 인턴 경험으로 크게 깨달은 바가 많다고 아무리 말해본들

면접관 입장에서는 달갑지 않다. 당장 회사에 수익을 안겨줄 수 있는 것도 아니면서, 직장생활 몇 달 먼저 겪어보았다는 이유로 경력사원이라도 된 양 굴면 탈락할 가능성이 높다.

구직자는 목계 같아야 한다

어느 왕이 투계를 매우 좋아해서 당대 최고의 조련사 기성자에게 싸움닭 종자를 맡기고 최고의 투계로 만들어달라고 부탁했다. 열흘이 지난 후 왕이 기성자에게 물었다.

"닭이 이젠 싸우기에 충분한가?"

기성자는 이렇게 답했다.

"한참 멀었습니다. 닭이 강하긴 하나 교만해서 자신이 최고인 줄 알고 있습니다. 그 교만을 떨치지 않는 한 진정한 싸움닭이라 할 수 없습니다."

또 열흘이 지나 왕이 물었다.

"이젠 되었는가?"

기성자가 대답했다.

"아직 멀었습니다. 교만함은 버렸으나 상대방의 소리와 그림자에도 너무 쉽게 반응합니다. 태산처럼 움직이지 않는 진중함이 있어야 최고라 할 수 있습니다."

다시 열흘이 지나 왕이 묻자 그는 또 말했다.

"아직 한참 멀었습니다. 조급함은 버렸으나 상대방을 노려보는 눈초리가 너무 공격적입니다. 그 공격적인 눈초리를 버려야 합니다."

열흘이 지나 왕이 다시 묻고 그가 대답했다.

"이젠 되었습니다. 상대방이 아무리 소리를 질러도 아무 반응을 하지 않습니다. 완전히 마음의 평정을 찾아 나무와 같은 목계木鷄가 되었습니다. 닭의 기품이 완전해졌기에 어느 닭이라도 그 모습만 봐도 도망갈 것입니다."

면접이라는 큰 경기에 임하는 자세는 목계와 같아야 한다.

첫째, 자신이 최고라는 교만함을 버려야 한다.

둘째, 조건과 상황에 민감하게 반응하거나 주눅들지 않는다.

셋째, 다른 사람들에 대한 경쟁의식이나 공격적인 자세를 버린다.

신입사원 교육을 하다 보면 합격 소감을 말하는 시간에 유달리 겸손한 사람이 있다. 그런 직원이야말로 상대방에게 자신을 자랑하거나 매서운 눈초리를 보이지 않으면서도 자신의 감정을 통제하는 기운이 느껴진다. 한마디로 내공이 깊은 목계같은 사람이다.

chapter 2

자기소개서를 쓸 때는
스스로를 재해석하는 과정이 필요하다

면접의 시작,
자기소개서 쓰기

영어 해석보다 중요한 인생 해석

구직자들이 자기소개서를 쓸 때 가장 어려워하는 부분은 '과연 어떻게 다른 이들과의 차별성을 표현하느냐'이다. 학교와 학원만 오갔던 중·고등학교 시절, 수능 점수에 맞춰 선택한 대학과 전공, 학기 중엔 학점 관리하고 영어학원 다니고 방학이면 아르바이트, 인턴사원 근무, 봉사활동, 어학연수로 바쁘게 보낸 대학생활……. 스스로 생각해도 주위 친구들과 별다를 것 없는 이력이다. 게다가 구직자들은 기업이 자기소개서 내용을 통해 평가하는 항목(성격의 장단점, 동아리활동 여부, 사회봉사 이력, 자기계발 노력 등)을 이미 알고 있다. 이 점이 오히려 자기소개서를 독창적으로 쓸 수 없도록 만든다.

자신의 성격을 있는 그대로 쓸 수도 없고, 그렇다고 기업에서 요구하는 기준에 맞춰 성격을 표현하자니 성실하고 사교적이고 열정적이고 도전적이고 창의력이 뛰어나다는 말 외에는 할 것이 없기 때문이다. 동아리활동과 관련해서는 취업 동아리에서 여러 기업의 면접에 대비해 왔다고 쓸 수도 없다. 자기계발은 그저 영어 점수 올리는 데 매진했고, 취미는 내기 당구 아니면 밤새 게임하기인데 이것을 글로 적을 순 없지 않은가? 사실을 애써 감추고 멋있고 모범적으로 보이려니 막막하기만 하다.

있는 그대로 써야 정상이지만 모든 구직자가 그렇게 쓰지 않는 이상 대단한 용기와 모험심 없이는 불가능한 일이다. 다들 학원에 다니니 일단 그 무리에 속해야 뒤처지지 않는다는 불안심리와 비슷하다. 이런 관성으로 대학 졸업까지 20여 년을 살아왔으니 특별하다고 주장할 점도, 남달리 자랑할 점도 없다. 사실 나도 그렇게 살아왔다. 그런 사람인 나도 대기업에 입사해 여태껏 조직에 순응하며 근무하고 있다.

하지만 어떻게든 자신을 포장해야 한다. 구직자들의 이력서와 자기소개서를 읽다보면 자신의 모습을 억지로 가공한 듯한 느낌이 들 때가 많다. 안타깝고 애처로운 상황이 아닐 수 없다.

자기소개서는 한 번 제대로 써볼 필요가 있다. 취업의 성공 여부를 떠나 부모와 학교의 울타리 안에서 지내다가 사회로 진출하려는 첫 순간이기 때문이다. 복싱으로 말하면 체육관 훈련을 마치고 선수 자격을 얻기 위해 난생 처음 링에 올라가는 순간이다. 어떻게 링에 오르는 상황에 이르렀는지, 그동안 얼마나 열심히 훈련을 했고 그 과정을 통해 어떤 기술들을 익혔는지, 자신의 장단점은 무엇인지를 파악해놓아야 한다. 부족한 기량은 상대방에게 드러나지 않도록 하면서, 자신의 특기인 기술로 싸워야 하기 때문이다.

자기소개서를 쓸 때는 그동안 살아온 길을 되돌아보며 스스로를 재해석하는 과정이 필요하다. 그 과정을 통해 과연 자신이 어떤 힘에 의해 지금까지 오게 되었는지, 그 힘의 근원이 어떤 사람인지 혹은 책인지 사건인지를 꺼내야 한다. 뜬금없이 "나는 이런 저런 능력이 있는 사람입니다"라고 서술하는 것이 아니라 "나는 이런 사연으로 지금 이 자리에 서게 되었습니다"라고 이야기해야 하는 것이 자기소개서다. 자기소개서를 쓰면서 스스로에 대해 미처 몰랐던 바를 깨달았다고 말하는 구직자도 있다.

자기소개서를 쓰다보니, 부모님의 교육 방식에 대해 간과하고 있었던 점을 깨달았습니다. 어렸을 때 부모님은 다른 부모님과 달리 제 스스로 학원을 알아보게 하셨고, 무언가를 사달라고 요구하면 용돈 한 푼 모으지 않고 무작정 사달라고만 하느냐고 냉정히 거절하셨어요. 넉넉지 못한 형편 때문에 해주실 수 없는 것을 달리 말씀하시는 줄 알고 있었습니다. 이런 일들을 까맣게 잊고 있었는데, 자기소개서를 쓰다보니 떠오르더군요. 그때 부모님이 의도했건 의도하지 않았건, 결과적으로 제게는 자립심과 스스로 문제를 해결하는 능력을 갖는 데 큰 도움이 되었다는 것을 말입니다.

자기소개서 쓸 때는 지나온 삶을 돋보기로 살피며 재해석 해보라. 스토리텔링 방식으로 자기소개서를 작성하라는 말은 소설 같은 허구의 자기소개서를 쓰라는 것이 아니라 평소 깊이 들여다보지 못했던 성장 과정을 돌아보며 그 의미를 인과관계 있는 이야기로 쓰라는 의미다.

"오늘의 나 됨은 어제 내가 결정한 선택 때문이다I am what I am today because of the choices I made yesterday"라는 금언을 되새기면 인과관계가 드러나 납득할 수 있는 자기소개서를 쓰는 데 도움이 될 것이다.

자기소개서 쓰기 전략 3단계

지금은 출신 대학 이름으로 일하는 시대가 아니다. 명문 대학을 나오면 유수의 대기업에 들어가 안정적이고 행복한 인생을 보낼 수 있다는 도식이 완전히 붕괴되었다. 인구는 점점 감소하고 부실 대학들은 퇴출당해 문을 닫는 곳도 생기고 있다. 명문 대학도 예외가 될 수 없다. 대학과 회사 이름을 간판으로 내세워 자신을 말하는 시대는 저물고 있다. 승부는 개개인의 역량과 캐릭터에 달려 있다.

구직자는 어떤 대학을 졸업했느냐가 아니라 어떤 경험을 쌓고 어떤 기술을 가지고 있는지를 알려야 한다. 상대방의 마음을 움직일 수 있는 이력서를 쓰기 위해서는 먼저 시나리오를 정리할 필요가 있다. 이때 중요한 것은 상대방의 입장에 서서, 상대방이 어떤 점을 원하고 있는지 이해하는 일이다. 그리고 논리가 서야 한다. 즉 내용이 일관되게 전개되어야 하고 '이유와 근거'가 합당하게 설명되어야 한다. 3W1H로 정리하면 보다 명확해진다. 제안 상대Who는 기업의 채용담당자, 인사담당자, 공모하고 있는 부서의 담당자다. 지원 동기Why는 왜 이곳에 지원하는가 하는 목적이다. 특징Which은 자신의 강점과 특성 가운데 상대방에게 이익이 될 만한 부분이다. 마지막으로 조건How은 구체적인 부분이다.

또한 자기소개서 작성은 전략적이어야 한다. 전략이란 '항상 이기기 위한 명확한 특성과 작전, 어떤 목표에 도달하기 위한 최적의 방법'을 뜻한다. 그러므로 특성이 없으면 전략이 아니다. "다 잘합니다. 무엇이든 가능합니다"라는 말은 "딱히 말할 만한 강점이 없습니다"와 같은 뜻이다. 강점에 초점을 맞추고, 강점을 부각해야 비로소 자기다움이 나타난다. 그러므로 스펙만 줄줄이 나열하는 방식은 의미가 없다. 무기만 많다고 이길 수 있는 것이 아니다.

자기소개서 쓰기 전략은 크게 3단계로 이루어진다.

- 1단계: 자신을 둘러싼 환경을 안다.
- 2단계: 현재의 자신을 객관적으로 바라본다.
- 3단계: 환경과 객관화한 자신의 현 위치에서 구체적 전략을 짠다.

먼저 자신을 둘러싼 환경, 즉 '거시적 환경'과 '업계 환경' 그리고 '지원하는 회사의 환경'을 알아야 한다. 우선 거시적 환경을 알기 위해서는 뉴스와 신문 등에서 다뤄지고 있는 국내외 경제나 정부 정책 등 굵직한 이슈들을 대략 파악하고 있어야 한다. 주어진 정보를 토대로 "나는 ○○라고 생각한다" "그 이유는 ○○이다" 정도로 이야기하거나 쓸 수 있어야 한다. 또 지원하려는 회사가 속한 업계와 시장 환경을 알아야 한다. IT업계에서 일하고 싶다면 IT업계의 전반적 상황을 정리해봐야 한다. 업계에서 발간하는 잡지나 정보지 등을 읽어보고, 지금 필요로 하는 인재상에 자신이 부합하는지 등도 알아본다. 이때는 거시적 환경을 알아볼 때와 달리 깊이 있는 분석과 준비가 필요하다. "○○업계는 ○○한 움직임을 보이고 있다. 예를 들어 P사는 컨설팅 영업력을 강점으로 시장을 확보해나가고 있다. 이런 면에서 볼 때 N사는 지역 영업소 확대를 통한 마케팅 강화를 전략으로 추진하고 있는 것 같다"처럼 보다 구체적인 내용을 말하거나 쓸 수 있어야 한다.

대부분의 구직자는 지원하는 회사의 환경에 대해서는 나름대로 상세한 언급을 한다. 하지만 그것으로는 차별성이 약하다. 오히려 L사 면접에서 경쟁사인 S사의 동향을 이야기한다면, 면접관은 훨씬 더 귀담아 듣고 업계 전반에 걸친 이해력을 인정해줄 것이다.

마지막으로 지원하는 회사의 환경이다. 내가 입사하려는 회사의 방향성은 무엇인가? 앞으로 어떤 인재와 기술이 필요한가? 그 안에서 내가 하고 싶은 일은 무엇이고, 할 수 있는 일은 무엇이며, 그 일을 어떻게 할 것인가? 그 시나리오가 현실적으로 가능한지 여부는 그리 중요하지 않다. 중요한 것은 나름의 시나리오를 갖고 있는지 여부다.

이렇게 정리해보면 자신이 처해 있는 현실이 어렴풋하게나마 보이기 시작할 것이다. 이제 객관적으로 자신을 아는 단계다. 최근에는 스스로를 분석해볼 수 있는 여러 가지 테스트 툴들이 많이 나와 있으므로 이를 이용해보는 것도 좋은 방법이다. SWOT분석과 크로스 SWOT분석을 적용해볼 수 있다.

SWOT분석이란 비즈니스 환경을 분석할 때 쓰는 대표적인 툴 가운데 하나로, 회사의 강점Stregth과 약점Weakness, 시장의 기회Opportunity와 위협Threat을 구조적으로 분석함으로써 사업을 둘러싼 환경 변화를 객관적으로 파악하고 미래를 준비하는 방법이다. 이를 적용해 자신의 강점과 약점, 업계와 시장 환경에서 기회와 위협을 정리하고 앞으로의 방향성을 생각한다. 또한 생각에서 멈추지 말고 직접 써봐야 한다.

	강점	약점
자신	대학생 시절 20개국 여행. 사전 계획, 경비 조달, 일정 관리, 체력 관리 등 철저한 매니지먼트로 많은 경험을 함	새로운 일에 호기심이 많고 충동적. 판에 박힌 일상적인 일을 싫어하고, 장시간 집중력을 요하는 일에 취약
	기회	위협
업계/시장	IT기술자 채용시장의 글로벌화로 다른 문화 경험이 풍부한 인재에 대한 요구가 높아지고 있음	우수한 해외유학파 인재들의 유입이 증가하는 추세

이러한 분석이 끝났다면 '나만의 전략'을 구체적으로 세울 수 있다. 자신의 전략을 쓸 때는 간단명료해야 하고, 글의 서두에 등장해야 한다. 기승전결의 구성으로 끝까지 읽어야만 알 수 있도록 해서는 안 된다. 어떤 이력서는 기승전결도 모자라 반전까지 있는데, 본인은 스토리텔링 기법이라지만 면접관의 입장에서는 비즈니스 환경을 이해하지 못한 것으로 해석할 수밖에 없다. '기-승-전-결' 혹은 '서론-본론-결론'이 아니라 '결-기-승'의 구성으로, 맨 처음에 자신의 전략을 쓰고 그런 전략의 배경을 세 가지 내외로 부연설명해야 한다. 이런 구성은 읽는 이의 이해를 도울 뿐만 아니라 글쓴이의 논리성을 증명하는 효과가 있다.

그런 다음 전략을 실제로 이루기 위한 실천 방안이나 단계별 목표를 열거하고, 서두에 언급한 전략을 다시 한 번 각인시키며 끝을 맺는다. 이 원칙에 따라 잘 쓰여진 어느 초등학생의 자기소개서 한 편을 소개한다.

저의 꿈은 일류 프로야구 선수입니다. 그러기 위해서는 중고교 때 전국대회에 출전해서 활약해야 합니다. 멋진 선수로 활약하기 위해서는 연습을 해야 합니다. 저는 연습에는 자신이 있습니다. 저는 세 살 때부터 연습을 시작했습니다. 세 살부터 일곱 살까지는 1년 중 절반쯤을 연습했지만, 3학년 때부터 지금까지는 365일 중에서 360일은 열심히 연습하고 있습니다. 그래서 친구와 놀 수 있는 시간은 일주일에 대여섯 시간뿐입니다. 이렇게 연습을 많이 하기 때문에 프로야구 선수가 될 것이라 생각합니다.

그리고 중고교에서도 활약하고 고등학교를 졸업한 다음에는 프로구단
에 입단할 생각입니다. 희망하는 구단은 주니치 드래건스나 세이부 라
이온스입니다. 스카우트 입단으로 1억 엔 이상의 연봉을 받는 것이 목
표입니다.

저는 투수와 타격에 자신이 있습니다. 작년 여름에 우리는 전국대회에
출전했습니다. 대부분의 투수들을 봤지만 제가 대회 최고라고 확신할
수 있었습니다. 타격에서는 지방대회 네 번의 시합 중에서 홈런을 세
번 쳤습니다. 전체적으로 타율은 5할 8푼 4리였습니다. 저도 만족할 만
한 성적이었습니다.

우리는 1년 동안 지는 걸 모르고 야구를 해왔습니다. 그래서 이 상태로
계속 열심히 할 것입니다. 그리고 제가 일류 선수가 되어 시합에 나간다
면, 고마운 사람들에게 초대권을 주며 응원해달라고 하는 것도 저의 꿈
입니다. 아무튼 가장 커다란 꿈은 일류 프로야구 선수가 되는 것입니다.

스즈키 히로유키의 《아들 이치로》에서 발췌한 글로, 이치로가 초등
학교 6학년 때 쓴 자기소개서다. 자기소개서를 쓰는 원칙 따위는 알리도
없었을 초등학생이 쓴 글이지만, 말하려는 바가 명확하다. 목표는 무엇
이며, 그동안 어떻게 살아왔고 앞으로 어떻게 살아갈지가 분명하게 제시
되어 있다.

글의 시작부터 간단명료한 결론을 말하고, 그 꿈을 이루는 데 필요
한 단계적 목표를 설정해 이야기하고 있다. 게다가 성공하면 "고마운 사

람들에게 초대권을 주며 응원을 부탁하겠다”라는 부분에서는 인성까지 보여준다. 이치로가 최고의 선수로 성장할 수 있었던 이유를 가감 없이 보여주는 글이다.

하지만 그가 만약 “저는 야구의 명문 ○○초등학교에서 4번 타자를 하는 사람이고, 앞으로는 우리 학교 출신의 ○○○처럼 유명한 선수들의 길을 따라 멋진 야구선수가 되고 싶습니다”라고 쓰는 아이였다면, 아마도 일본과 미국을 넘나들며 활약하는 최고의 선수는 될 수 없었을 것이다.

단점을 쓸 때는 인과관계를 생각하라

자기소개서는 스토리텔링 기법으로 재미있게 쓰는 것도 필요하다. 또 난해한 산문이나 판타지 소설처럼 전개해나가는 것도 자유다. 하지만 면접관이 술술 읽어 내려가는 데 무리가 없는 흐름으로 구성되어야 한다. 정해진 기간 내에 수천 명의 자기소개서를 평가해야 하는 채용담당자에게는 몇 번을 곱씹어가며 읽을 시간이나 아량을 기대할 수 없기 때문이다.

그러므로 일단 쉽게 읽히는 구성을 갖추고, 술술 잘 읽히는 문장들 안에 평가 항목들이 담겨 있어야 한다. 그렇다고 대입 논술시험처럼 한 문장 안에 핵심 단어가 들어 있는지를 체크하는 방식으로 자기소개서를 평가하는 것은 아니다. 전체 문맥을 통해 지원 동기, 성격의 장단점, 성장 과정, 생활신조, 사회봉사와 연수 경험, 자기계발 노력 등이 두루 포함되어 있어야 한다. 요즘 대개의 자기소개서는 항목별로 쓰도록 되어 있고, 평가 역시 각 항목별로 이루어진다. 자기소개서 평가 항목은 다음과 같다.

자기소개서 평가 항목 1_ 지원 동기/성장 목표

- 지원 동기 및 성장 목표 설명이 구체적이며 수치 등의 형태로 객관화되었는가?
- 회사에 대해 정보를 입수하고 연구한 노력이 얼마나 보이는가?
- 그러한 정보 및 연구 결과가 제대로 된 것이며 설명에 충분히 사용되고 있는가?
- 입사 후 계획이나 각오가 열정적이고 감동적으로 설명되어 있는가?

입사 후 계획이나 각오를 쓸 때 다음과 같은 표현은 되도록 사용하지 않도록 주의해야 한다.

누구보다 열심히 하겠습니다.

최선을 다하겠습니다.

이 한 몸 다 바쳐 일하겠습니다.

이 회사에 뼈를 묻겠습니다.

회사에 제 자신을 맞추겠습니다.

어떤 스트레스도 모두 이겨낼 수 있습니다.

에스키모에게도 냉장고를 팔 자신이 있습니다.

이 같은 표현으로는 열정을 전하거나 감동을 주기 어렵다. 그저 식상하고 진부한 표현일 뿐이다.

성장 목표를 쓸 때도 "이 회사에서 꼭 임원이 되겠습니다" "전문가로 성장하겠습니다"처럼 막연한 표현보다는 수치를 더해 구체적으로 언급해야 한다.

한 구직자는 면접에서 성장 목표에 대해 이렇게 말했다.

"미국을 비롯한 중국과의 FTA 체결로 시장이 확대되어 10년 후에 회사는 현재 매출액 4천억 원의 약 5배 규모로 성장해 있을 것입니다. 또한 저는 그 성장의 한 축을 담당하는 지역전문가로 성장해 있을 것입니다. 개인적으로는 10년간 제가 해온 업무와 경험에 대해 전문적인 글을 써 책을 출간하고 싶습니다. 10년 후 저는 후배 사원들에게 전문역량을 전하고, 더불어 회사를 홍보하는 핵심인재가 되어 있을 것입니다."

회사에 대한 적잖은 정보를 수집해 이를 근거로 비전을 당당히 말하는 것까지는 좋았다. 하지만 대답을 잘하면 면접관의 기대치나 의구심도 그만큼 높아진다. 이때 면접관은 모범답안을 달달 외워 앵무새처럼 읊고 있는 것은 아닌지 파악하려 한다. 그래서 이런 식으로 질문을 던진다.

"우리 회사에 관한 정보는 언제부터 어떤 경로로 알게 되었습니까?"

이런 질문에 어떻게 답할지도 미리 준비해야 한다. 회사 홈페이지를 보고 달달 외웠다고 사실대로 답할 수도 없어 난감한 표정으로 머뭇거리다가 궁색한 답을 내놓는다면, 결코 좋은 평가를 받을 수 없다. 구직자들 중에는 면접관이 아는 것보다 더 상세하고 명확하게 훌륭한 대답을 해놓고는, 어떻게 이런 답변을 준비했냐는 질문에 치부를 들키기라도 한 듯 쑥스러워하는 경우가 의외로 많다.

"평소 제가 지원할 회사와 그 산업 분야에 관심을 갖고 지켜본 내용 가운데 하나였습니다"라고 떳떳이 이야기해야 좋은 평가로 이어진다. 사실 어떤 회사에서도 아직 일해보지 않은 상태에서, 10년 후의 경제 전망에 대해 확신을 갖고 말하기란 쑥스러울 수도 있다. 하지만 그런 모습은 그간의 달변이 그저 앵무새의 말이었음을 고백하는 셈이다. 게다가 인성 평가에서도 좋은 점수를 얻을 리 없다.

자기소개서 평가 항목 2_ 성장 과정/성격의 장단점/생활신조

- 성장 과정의 일화나 가족관계 등을 구체적으로 포함하고 있는가?
- 성장 과정에서 겪은 어려움을 솔직히 밝히면서 이를 극복한 과정이나 그것이 끼친 영향을 설명하고 있는가?
- 교우관계나 가족관계를 근거로 성격을 집약적으로 표현하고 있는가?
- 성격의 단점에 개선 의지를 곁들여 표현하고 있는가?
- 생활신조가 성장 과정 및 대학생활 등에 충분히 반영되고 표출되고 있는가?

성장 과정을 쓸 때는 절대로 "엄한 아버지, 자상한 어머니, 화목하고 우애가 넘치는 가정에서"로 시작하지 말아야 한다. 이는 빈 칸 메우기 식의 표현으로, 이렇게 시작하는 글은 면접관들이 아예 읽지도 않는다.

성격에 대해 기술할 때도 "분석력이 강하고, 창의력이 뛰어나며, 사교적이고, 성실하고, 인간성이 좋다는 말을 많이 듣습니다. 어디서나 항상 인기가 많습니다"와 같이 장점을 최대한 많이 나열하는 것으로만 끝나면 안 된다. 자신의 장점을 대단한 것인 양 자랑하는 태도는 자아도취로 오해받기 쉽다.

구직자 100명 가운데 99명이 내세우는 자기 성격의 장점이다. 이 말이 등장하지 않는 경우를 보지 못했다. 장점이 다 똑같을 수도 없거니와 있을 수 있다 쳐도, 여기서 그친다면 아무 의미가 없다. 그 장점을 바탕으로 남달리 무언가를 성취했거나 가족관계나 교우관계를 형성하는 데 영향을 끼친 바가 있어야 한다. 그래야 장점이 입증되는 셈이고 설득력이 있다. 남다른 성과를 올렸던 이유를 따져보니 이런 면 때문이라고 이야기할 수 있어야 다른 사람이 듣기에도 수긍할 만한 장점이 된다. 면접관은 여러 가지 장점을 가진 사람이 아니라, 누구나 한 가지 이상 있게 마련인 장점을 최대한 잘 활용할 줄 아는 사람을 찾는다.

단점도 마찬가지다. 단점 없는 사람은 없다. 그러나 자신의 단점을 제대로 파악하고 인정하는 일은 말처럼 간단하지 않다. 제대로 알고 있다 해도 최대한 잘 보여야 하는 자리에서 자신의 단점에 대해 말하기란 쉽지 않다. 그래서인지 구직자들이 언급하는 자기 성격의 단점 가운데 압도적인 1위는 "한 가지 일에 너무 몰두하고 완벽을 추구하는 성격"이다. 2위는 "남의 말을 전폭적으로 믿고 거절을 못하는 성격이어서 때로는 손해를 본다"이다. 단점인지 장점인지 알 수가 없다. 그렇다고 남다른 단점을 찾아내어 적나라하게 묘사하라는 소리는 아니다.

단점도 장점과 같은 맥락으로 접근해야 한다. 세상에 완벽한 사람은 없다. 단점을 가진 것이 문제가 아니라, 왜 이런 단점을 갖게 되었으며 그 단점이 어떤 영향을 끼쳤는지 인과관계를 인식하고 설명하는 것이 관건이다. 그 인과관계를 파악하고 있다면 단점을 극복하기 위해 어떤 노력을 했고 그 결과 현재 그 단점이 어떤 모습으로 남아 있는지 자연스레 설명된다.

하지만 대부분의 구직자들은 단점을 설명할 때 논리가 없다. 그저 "이런저런 단점이 있었지만 지금은 다 고쳐서 없다"는 식이다. 어떤 계기로 단점을 고쳐야겠다는 결심을 했으며, 이를 위해 어떤 시도를 하고 얼마나 노력했는지를 언급해야 한다. 이를 근거로 면접관은 구직자의 문제해결 능력과 의지력, 나아가 가치관까지 판단한다. 다음은 성격의 단점을 기술한 좋은 예다.

제 단점은 글쓰기를 잘 못한다는 것입니다. 학점을 생각보다 못 받은 이유도 리포트를 잘 못써서임을 깨달았습니다. 진정한 전문가는 전문적인 이야기를 쉽게 전달하는 능력을 갖춘 사람이라고 합니다. 저는 이

말에 깊이 공감했습니다. 그래서 제 블로그에 거의 매일 글을 쓰고 있습니다. 일상적인 내용도 있고 사회 이슈에 대한 글도 있지만, 어느 쪽이든 논리적으로 쓰려 애씁니다. 이런 훈련의 결과 제 단점은 꽤 보완되었습니다.

자기소개서 평가 항목 3_ 사회봉사/동아리 활동

- 사회봉사나 동아리 활동이 본인의 가치관과 부합하는지 설명하고 있는가?
- 사회봉사 활동이 1~2회에 그치지 않고 지속적으로 이루어졌는가?
- 동아리 활동을 통해 배운 점이나 부족했던 점을 기술하고 있는가?

사회봉사 활동이야말로 항상 "왜?"라는 질문에 설명이 가능해야만 결과를 인정받을 수 있는 항목이다. 중·고등학교 시절에는 대학을 가기 위해 봉사활동 점수가 필요하고, 대학생 때는 입사지원서를 메우기 위해 봉사활동 경력이 필요하다. 따라서 봉사활동을 얼마나 많이 하고 얼마나 오래 했느냐보다는 왜 이런 일을 시작했고 무엇을 느꼈는지를 이야기해야 한다. 또 대부분이 이런 형식으로 봉사활동 경력을 이야기한다. 그러나 면접관의 입장에서는 가장 지루하고 감흥 없는 이야기다. 변별력을 가질 수 없는 경우가 대부분이기 때문이다.

내가 만약 구직자라면 봉사활동을 하면서 느낀 복지정책의 문제점과 이를 개선하기 위한 방안을 언급하겠다. 개개인의 봉사활동만으로는 해결할 수 없는 근본적인 문제점까지 생각했다면, 바로 나무가 아닌 숲을 보는 거시적인 안목을 지녔다는 뜻이기 때문이다. 애정을 갖고 수없이 오갔던 봉사활동 기관이라면 이런 단계로 시야가 넓어지는 것이 당연한 수순인데, 이런 이야기를 하는 구직자는 거의 만나보질 못했다.

자기소개서 평가 항목 4_ 연수 경험/자기계발 노력

• 연수 경험이나 자기계발 노력이 지원 분야와 어떻게 연관되는지 설명하고 있는가?
• 남다른 독특한 경험을 가지고 있는가?

10년 전까지만 해도 해외여행 경험에서는 패키지 여행인지 배낭여행인지를 따졌고, 해외연수 이력에서는 영어만 공부했는지 교환학생이었는지를 따져 후자에 더 좋은 평가를 내렸다. 하지만 지금은 이런 부분에 별 의미를 두지 않는다. 워킹홀리데이로 해외에 나가 농장에서 궂은 일을 했던 경험도 마찬가지다. 회사에 도움이 되는 것은 어학능력이지 3D업종에서 고생한 경험이 아니기 때문이다. 그런 경험은 국내에서도 얼마든지 할 수 있고, 해외주재원을 채용하는 것이 아닌 바에야 오히려 한국에서의 아르바이트 경험이 더 의미 있다.

구직자들이 어학연수 경험을 이야기할 때는 전형적인 패턴이 있다.

몹시 고생했지만 이를 통해 많은 것을 배웠습니다.

해외에서 애국심을 깨달았고, 한국을 알리는 데 일조했습니다.

미처 예상 못한 난관을 만났지만 극복했습니다.

그러나 정작 중요한 이야기는 빠져 있다. 미국, 캐나다, 영국, 호주, 필리핀 등 같은 영어권 국가 가운데 그 나라를 택한 이유는 무엇이며, 떠나기 전 어떤 목표를 세웠고 영어 실력은 얼마나 향상되었는지를 이야기하는 경우다. 어학연수 경험을 기술할 때 해당 국가를 선택한 이유와 함께 수치를 통해 실력이 향상된 정도를 밝힌다면 신뢰도와 설득력을 주면서 좋은 평가를 받을 수 있을 것이다.

인턴사원 근무 경험도 마찬가지다. 학생 입장에서는 비록 한두 달간의 회사생활이지만 결코 쉽지 않았고, 앞으로 겪을 조직생활을 미리 경험하고 참여해봄으로써 많은 점을 느낄 수 있었을 것이다. 하지만 기업의 입장에서 인턴사원이 하는 일이란 업무의 범위나 깊이, 무엇보다 책임감 면에서 그야말로 허드렛일이다. 물론 전공과 관련 있는 기업에 지원해서 일했겠지만, 인턴사원에게 전공을 전문적으로 발휘할 기회를 주는 경우도 거의 없다. 그런데 자기소개서에 인턴사원 경험을 통해 기업의 생리를 파악하고, 자신의 헌신으로 프로젝트가 성공적으로 마무리되었다고 쓰는 경우가 적지 않다. 이런 자기소개서를 볼 때면 '세상 참 쉽게 보는구나' 하는 생각이 절로 들고, 경솔하다는 인상을 받는다.

어떤 경험이든 지원하는 회사와 일하고자 하는 분야와 어떤 상관관계가 있는지 설명할 수 있어야 한다.

자기소개서 평가 항목 5_ 문장력, 구체성, 참신성, 진실성

- 문장 표현력, 즉 우리말을 제대로 구사하고 있는가?
- 글에 개성이나 창의력이 있는가?
- 꾸밈이나 거짓이 없이 진실한가?
- 자기 PR이 너무 지나치거나 혹은 너무 겸손하지 않은가?

다분히 주관적인 평가가 내려지는 항목이다. 매끄러운 문맥과 정제된 표현, 진솔한 내용으로 흥미롭게 읽힐 수 있는지가 관건이다.

우선, 문장은 간결해야 한다. 대작가 헤밍웨이는 배가 고픈 상태에서 선 채로 글을 썼다고 한다. 자리가 불편해야 길게 쓰지 않기 때문이다. 문장은 간결해야 한다는 원칙을 가진 그는 '확신이 서는 주제와 간단명료한 문체'만 갖춘다면 누구라도 훌륭한 작가가 될 수 있다고 주장했다. 실제로 헤밍웨이는 대학에 진학하지도 않았고 따로 문학 수업을 받거나 글쓰기 공부를 한 적이 없었다. 하지만 특유의 간결한 문체로 《노인과 바다》 등의 걸작을 써냈다. "미사여구만으로 좋은 글을 쓸 수는 없다The skillful use of words does not make a good book"는 헤밍웨이의 말을 기억하라.

둘째, 맞춤법을 지켜야 한다. 이력서와 자기소개서의 글이 맞춤법에 어긋나 있으면 놀라울 만큼 눈에 거슬린다. 다른 면접관들도 같은 말을 하는 걸 보니, 자기 눈의 대들보는 보지 못하면서 남의 눈의 티끌은 잘 본다는 성경 말씀이 딱 맞는 것 같다.

맞춤법이 틀리지는 않지만 인터넷에서 흔히 쓰는 신조어가 등장하는 자기소개서도 있다. 맨 마지막, '끝' 혹은 '마침'이라는 낱말이 있어야 할 자리에 방긋 웃는 스마일 이모티콘이 놓여 있는 것을 처음 보았을 때, 충격이 컸다. 이제는 익숙해졌지만 그렇다고 긍정적인 평가를 내리기는 어렵다.

셋째, 개성과 창의력이 있어야 한다. 진부한 내용을 열거하며 길게 끌어가는 글은 대충 읽거나 끝까지 보지도 않는다. 끝까지 읽는다 해도 글을 쓴 사람까지 지루하고 단순하며 눈치 없는 사람으로 보인다. 면접관이 어떤 말을 원하는지 잘 파악하고 대답을 이어가야 하듯이, 자기소개 글도 면접관이 흥미를 느낄 지점이 어딘지 생각하고 써야 한다. 면접관이 내 얼굴을 보기도 전에 지루하고 단순하고 눈치 없는 사람이라는 선입관을 갖는다면, 억울하지 않은가?

반면 네온사인 불빛처럼 화려하고 과장된 느낌을 주는 글도 있다. "세계 최고를 꿈꿔온 저는 세계를 선도하며 초인류를 지향하는 귀사에 선택되기에 부족함 없이 준비된 인재입니다"라는 식의 글은, 우리 회사에서 떨어져도 다른 회사에 취직하는 데 전혀 무리가 없겠다는 생각만 든다.

동문서답은 가라

굳이 끝까지 읽어보지 않더라도 별 내용이 없겠다는 느낌이 오는 자기소개서가 적지 않다. 글은 그럴싸한데 요구하는 것과는 동떨어진 내용으로 동문서답을 하는 경우 역시 읽어본들 평가할 내용이 없다. 다음은 '성장 과정과 생활신조'에 대해 적은 글이다.

세상에서 가장 사랑하는 사람을 물을 때 대부분은 '부모님'이라고 대답합니다. 하지만 가장 존경하는 인물도 '부모님'이라고 대답하는 사람은 많지 않습니다. 그런 면에서 저는 행복한 사람이라고 생각합니다. 제가 가장 사랑하고 존경하는 인물이 바로 부모님이기 때문입니다. 아버지께서는 삶에서 성실한 자세와 노력이 얼마나 중요한지를 몸소 실천해

보여주셨습니다. 그런 부모님 밑에서 자라는 동안 저는 어떤 일을 하든지 끊임없이 노력하고 늘 성실하게 생활하는 습관이 들었습니다.

생활신조는 아버님의 말씀대로 대인관계와 약속을 최우선으로 생각하는 것입니다. 꼼꼼하고 세심한 성격으로 어떤 일을 하든지 항상 성실하고 부지런한 태도로 주어진 모든 일에 최선을 다합니다. 또한 남을 먼저 배려하고 이해하기 위해서 노력합니다. 그래서 상대방이 생각하지 못한 사소한 것까지 잘 챙기는 편입니다. 또 조금 손해를 보더라도 상대방의 입장을 먼저 헤아리려고 노력합니다.

부모님을 가장 사랑하고 존경하는 것은 특별한 일이 아니다. 그러나 글쓴이는 스스로 특별하다고 부연설명까지 하면서 빤한 이야기로 몇 줄을 채우고 있다. 성실함과 노력하는 자세에 대해서도 반복적으로 말하고 있다. 생활신조 역시 아버지 이야기로 시작을 하고 있으니, 아버지 소개서인지 자기소개서인지 구분이 안 간다. 자신의 마음을 진솔하게 담았을지는 몰라도 특별한 인상을 남기는 데는 완전히 실패했다. 평가할 거리가 없다. 굳이 찾자면 부모 품에서 과보호를 받고 성장했다는 정도다.

다음은 또 다른 글이다.

학창시절 어머니는 제가 숙제를 모두 끝내놓고 내일 가져갈 과제물을 모두 준비해놓은 후에야 친구들과 놀 수 있도록 허락하셨습니다. 그때의 습관이 몸에 배어 지금도 항상 오늘을 정리하

고 내일을 준비합니다. 어머니는 단순히 숙제를 하고 책가방을 싸놓는 게 아니라 '미래를 준비하고 계획하는 것'을 가르치셨던 것입니다.

또 제가 가장 좋아하는 운동은 축구입니다. 골이라는 목표를 향해 전략적으로 끊임없이 움직이는 것이 제 성격과 너무나도 닮아 있기 때문입니다. 팀원들과의 조화를 바탕으로 그 안에서 개인의 역량을 발휘한다는 점이 제가 축구와 회사생활에서 느끼는 공통된 매력입니다. 저는 한 번 목표를 정하면 꼼꼼하고 치밀하게 계획을 세워 한 걸음 한 걸음 나아가 반드시 이루고야 마는 성격입니다. 역경이 없지는 않겠지만 꼭 해내고 말겠다는 일념으로 성공적인 회사생활을 해나가겠습니다.

성장 과정과 생활신조에 대해 쓰라고 했건만 취미생활인 축구 이야기가 나오고, 결국은 성공적으로 회사생활을 해나가겠다는 입사 포부로 바뀌고 말았다. 평가할 내용이 없음은 물론 커뮤니케이션 능력에 대해 의구심을 가질 수밖에 없는 자기소개 글이다.

다음은 '당사가 귀하를 채용해야 할 이유 세 가지'라는 자기소개서 항목에 대한 글이다.

첫째, 저는 업무적으로 조직에 필요한 사람이 될 수 있는 능력이 있습니다. 업무에 관한 대화를 나누던 중 동료가 제게 "모르는 것이 없네요"라는 말을 한 적이 있습니다. 그 정도로 업무에 빠르게 적응할 수 있습니다. 둘째, 인간관계에서도 조직에 필요한 사람이 될 수 있습니다. 티타임이나 식사 시간, 일과가 끝난 후 스포츠나 술 모임이 있을 때면 늘 "같이 가요"라는 말을 듣습니다. 그 정도로 저는 언제나 사람들과의 관계에서도 필요한 존재였고 못하는 것이 없는 사람이었습니다.

셋째, 조직의 비전에 부합하는 사람이 될 수 있습니다. 귀사는 창조와 혁신의 문화를 바탕으로 구성원이 신바람 나게 일할 수 있는 회사를 지향하고 있습니다. '하면 된다'라는 생활신조로 항상 도전하는 마음을 가진 저는 귀사의 비전과 부합하는 사람이라고 확신합니다.

학창시절에는 반장이나 동아리 회장으로 추천을 받아왔으며 아르바이트를 할 때면 자주 계약기간 연장 제의를 받았습니다. 신입사원을 뽑을 때는 일을 잘하는지 못하는지도 중요하겠지만 회사와 함께 성장할 수 있는지도 중요하다고 생각합니다. 조직에 필요한 사람이 되어 함께 성장할 수 있는 저는 귀사에 꼭 필요한 사람이 될 것입니다.

틀린 말은 없지만 다른 회사에도 다 해당되는 보편적인 이야기뿐이다. '업무적으로 조직에 필요한 사람' '인간관계에서 조직에 필요한 사람' '조직의 비전과 부합하는 사람' 세 가지 모두 어느 조직에서든 꼭 필요하고 도움이 되는 역량이다. 즉 하나도 특별할 게 없는 식상한 소리다.

글쓴이가 어떤 곳을 지원했는지 알 수 있는 자기소개서여야 한다. 금융권인지, IT업종인지, 물류회사인지 업종조차 전혀 알 수가 없는데 어떻게 "귀사에 꼭 필요한 사람이 될 것입니다"라는 말을 신뢰할 수 있겠는가? 회사가 자신을 채용해야 하는 세 가지 이유 가운데 한두 가지는 그 회사의 업종이나 사업을 언급하면서 자신의 역량을 이에 연관 지어야 한다. 잘 쓴 글을 소개하면 이렇다.

첫째, 저는 제어계측공학과 산업공학 두 가지를 전공했습니다. 제어계측공학에서는 소프트웨어를 통한 하드웨어 제어 방법을 익혔고, 산업공학에서는 실제 시스템의 수학적 모델링을 바탕으로 실제와 유사한 시스템을 만드는 방법을 배웠습니다. 저는 정보통신과 엔지니어링 사업에 주력하는 귀사에서 최적화된 시스템을 계획하고 하드웨어를 구축하는 데 적합한 자질을 갖추었습니다.

둘째, 약 2년간 ○○사 경영경제연구소 정보통신연구실에서 인턴사원으로 일했습니다. 국내외 통신시장 조사 및 분석을 수행하면서 통신산업을 어느 정도 이해할 수 있었고 추이를 확인할 수 있었습니다. 이런 경험을 응용해 귀사가 지향하는 컨버전스 사업에 기여할 수 있을 것입니다.

셋째, 다양한 도전을 적극적으로 시도했습니다. 육체적·정신적 한계를 보완하고 싶어 해병대에 자원했고, 복수전공을 통해 다른 전공학부의 사람들과도 적극적으로 친분관계를 맺었습니다.

아직은 다듬어지지 않은 원석에 불과하지만, 끊임없는 자기계발을 통해 귀사의 발전에 중요한 동력이 되겠습니다.

위 글을 보면 글쓴이가 IT분야를 지원했다는 사실을 명확히 알 수 있다. 전공도 부합하고 실무 경험도 있다. 복수전공과 해병대 자원입대 등 도전정신도 구체적으로 입증하고 있다. 업무능력과 인성에 대해 간결하고 명쾌하게 설명한 좋은 예다.

이력서 사진은 따로 있다

외모가 능력으로 통하는 요즘 채용 가이드에서는 이력서 사진을 잘 만드는 여러 원칙을 소개하기도 한다. 하지만 대기업인가 중소기업인가 또는 신입사원 선발인가 경력사원 선발인가에 따라 이력서 사진의 활용도나 중요도는 달라진다.

대기업의 경우 컴퓨터로 면접 대상자를 정하기 때문에 이력서 사진이 그리 중요하지 않다. 사실 그 많은 지원자들의 사진을 일일이 검토할 여력도 없다. 게다가 인상이 좋지 않다는 자의적 판단으로 불공정한 심사를 했다는 점이 드러나면 문제가 되는 세상이다.

반면 이력서를 수작업으로 걸러내는 작은 규모의 기업이라면 이력서 내용 못지않게 사진도 중요하다. 판단에 영향을 미치기 때문이다. 소수의 인원을 선발하는 경력사원의 경우도 마찬가지다.

실제로 중소기업에 입사한 어느 젊은이가 상사의 말을 어떻게 받아들여야 할지 고민이라며 토로한 적이 있다.

"자네 이력서 사진을 보고 일 잘하겠다는 생각이 들어 면접을 보러 오라고 했는데, 실물과 너무 달라서 깜짝 놀랐네."

단순히 사진과 실물이 달랐다는 말인지 일을 잘 못한다는 소리인지 물어볼 수도 없고 답답하다는 이야기였다. 이처럼 이력서 사진은 분명 구직자 판단에 영향을 미친다.

대기업의 경우는 사진에 대한 공식적인 판단 기준이 없다. 하지만 수천 명의 지원자 가운데 특별히 눈에 띤다면 영향을 끼칠 수 있다. 남성이라면 머리가 길거나 퍼머, 염색을 한 경우가 그렇다. 자신에게 어울리는 헤어스타일인지를 따질 것이 아니라 회사원 모습으로 적당한지를 판단해보면 어떤 헤어스타일을 해야 할지 알 수 있을 것이다.

여성이라면 '미스코리아 스타일'로 지나치게 풍성하고 화려한 머리, 무스나 스프레이로 이마에 납작하게 붙인 '깻잎머리'도 문제가 있다. 커다란 리본이나 반짝이는 머리핀도 도움이 안 된다. 이마를 완전히 덮는 헤어스타일도 이력서 사진으로는 권하고 싶지 않다. 머리로 덮여 있는 이마에 흉터가 숨겨져 있을 것만 같은 느낌이 든다. 잘 어울린다면 면접 때는 문제가 없지만 이력서 사진으로는 답답한 인상을 준다. 또 아무리 잘 어울린다 해도 비서에 지원하면서 짧은 스포츠머리를 하고 있다면 서류 전형에서 탈락하거나 면접 때 집중 포화를 받기 십상이니 유의해야 한다.

이력서 사진에서 유의해야 할 점은 헤어스타일만이 아니다. 정면을 응시하는 자세나 웃는 표정이 좋지만 누가 봐도 튀는 사진을 애써 연출할 필요는 없다. 어깨를 반 이상 틀어서 국회의원 후보 사진 분위기가 나거나 고개를 한쪽으로 기울이고 치아가 다 드러날 만큼 크게 웃는 사진은 기업에 지원하는 사람의 사진으로 보이지 않는다. 모델 에이전시에 낼 만한 사진을 애써 비싼 돈 들여 만들 필요는 없다.

이력서 사진에서 중요한 것은 얼굴이나 몸매나 패션이 아니라, 조직의 한 사람으로서 잘 융화될 수 있는지 여부다.

그렇다면 실제 면접에서는 어떤 외모가 좋은 평가를 받을까?

미국에서 흥미로운 조사가 있었다. 사람들에게 각 주의 시의원 후보들 사진을 인상이 좋은 그룹과 그렇지 못한 그룹으로 나누게 한 다음, 시의원 당선율과 얼마나 일치하는지 비교했다. 그 결과는 놀라웠다. 인상 좋은 그룹의 당선율은 90퍼센트 이상이었다.

실제로 면접에서 성형수술을 한 구직자들을 만나기란 어렵지 않다. 그렇다고 성형수술 여부를 묻지는 않는다. 만약 탈락한다면 성형으로 차별을 당했다고 소송을 걸어올지도 모른다. 하지만 과도한 성형은 공식적인 평가에 반영되진 않아도 좋은 영향을 끼치기 어렵다. 아무리 눈부시게 예쁜 얼굴이라도 과도한 자신감과 강한 인상을 풍긴다면 일단 의문을 갖게 된다.

'이토록 돋보이다 못해 튀는 사람이 과연 동료나 상사와 화합하며 일할 수 있을까?'

이 점을 집중 탐색한 다음 판단을 하기 때문에 구직자로서는 더 깐깐한 심사를 받게 되는 셈이다.

성형과 상관없이 외모가 훌륭한 여성 구직자를 반기지 않는 면접관도 있다. 어느 여직원은 자질은 나무랄 데 없으나 외모가 너무 뛰어나서 남자 직원들이 가만히 놔두지를 않아 일을 못할 지경이었다. 또 선배들도 떠받들기만 하느라 제대로 일을 가르치지 못했다. 이런 경험을 한 면접관이라면 아름다운 구직자를 반기기 어려울 것이다.

예쁘고 잘생기지 않으면 면접에 떨어진다고 생각하는 사람이 의외로 많다. 하지만 면접관은 미스코리아 심사위원이 아니다. 면접관은 "못생긴 나무가 선산을 지킨다"라는 말을 더 신뢰하는 사람들이다. 관건은 평범하지만 단정한 외모, 침착한 자태, 초롱초롱한 눈빛이다.

면접장

chapter 3

자신이 하고 싶은 이야기가 아닌
면접관이 듣고 싶은 이야기를 하라

달변, 면접의 기술

'첫째, 둘째, 셋째'로 대답하면
안 되는 이유

한국 사회는 유행하다가 필수 아이템으로 자리 잡는 경우가 유독 많다. 특히 전자기기가 그렇다. 집이나 사무실, PC방과 카페 등 어디서나 인터넷을 빠른 속도로 이용할 수 있는데도 요즘 스마트폰이 없으면 미개인 취급을 받는다.

한때는 참신했지만 이젠 식상하기 그지없는 발표 기술도 있다. 10여 년 전 어느 프레젠테이션 교육 강사는 '숫자 3의 마법'을 이야기했다. 서론·본론·결론도 세 가지, 아침·점심·저녁도 세 번, 군대도 3년, 시집가서는 귀머거리 3년, 장님 3년, 벙어리 3년 등을 예로 들며 가장 기억하기 쉬운 숫자 3을 활용하라는 내용이었다. 그런데 몇 해 전부터 취업교육기관에서 그 기법이 학생들에게 전수되고 있는 모양이다. 거의 모든 구직자들이 "제가 가진 역량은 세 가지입니다"라고 말하면서 첫째, 둘째, 셋째 손가락을 펴는데 참으로 식상하기 그지없다.

그보다는 개그콘서트에 나오는 네 가지로 소개하며 재치도 보이고 독창성을 발휘하는 편이 낫다. '세 가지' 형식에 맞추려고 억지로 세 가지를 끼워 넣는 모습을 보고 있노라면 초등학생이 아빠 양복을 입고 나온 듯한 느낌이 든다.

사실 세 가지로 요약하는 기법은 고전적이며 전달력을 높이는 멋진 기법이다.

왔노라, 싸웠노라, 이겼노라.
국민의, 국민에 의한, 국민을 위한 정부.
닦고, 조이고, 기름 치자.

하지만 같은 내용을 다음과 같이 말한다면 어떤 느낌인지 보라.

제가 시합에서 이긴 소감을 세 가지로 말씀드리겠습니다. 첫째, 왔노라. 둘째, 싸웠노라. 셋째, 이겼노라입니다.

세 가지로 이야기하겠다는 말은 필요가 없다. 바로 설명하면 된다. 나름대로 파격적이면서 적절한 오프닝과 두괄식 전개로 기억에 남았던 사례를 들면 다음과 같다.

(말없이 화이트보드에 숫자 86을 크게 쓴 다음) 최근 보도된 자료에 의하면, 자녀의 학원비 지출에 부담을 느낀다는 직장인이 무려 86퍼센트나 됩니다. 제가 말씀드릴 주제는 영어 공교육 제도 도입입니다. 86퍼센트라는 수치는 영어 공교육이 얼마나 절실한 상황인지 잘 설명해주고 있습니다. 영어 공교육 제도 도입을 위한 전제 조건은 다음과 같습니다…….

세 가지로 설명하는 목적은 잘 기억되도록 하기 위함인데, 구직자는 자신이 세 가지로 설명하는 '세련된' 기법을 알고 있다는 점을 알리고 싶어 하는 듯하다. 하지만 면접관들에게 어필해야 하는 부분은 말하는 형식이 아니라 그 내용이다.

첫째, 둘째, 셋째로 말하지 않아도 삼단 논법으로 이야기를 전개하는 방법은 다음과 같이 다양하다.

상황분석법

문제는 ○○이고, 해결책은 ○○들입니다. 그 가운데 제가 택한 방법은 ○○입니다.

우선순위법

가장 중요한 것은 ○○이고, 다음은 ○○이며, 마지막은 ○○입니다.

단계제시법

먼저 ○○라 생각했고, ○○을 고려했으며, 그 결과 ○○라 생각합니다.

시계열분석법

1990년대 상황은 ○○했고, 2000년대 초에는 ○○했지만 현재는 ○○한 상태입니다.

주제제시법

먼저 최고 경영층에는 어떤 영향이 있는지 고려해보고, 다음은 중간관리자들에 대한 영향력을 따져본 다음, 마지막으로 사원들에 대한 영향을 살펴보겠습니다.

지역분할법

남부에서 시작해 중부를 거쳐 수도권 지역을 살펴보겠습니다.

또한 물 흐르듯 자연스러운 연결을 위해서는 주제와 주제, 챕터와 챕터를 연결하는 연결어구가 필요하다. 이를 제대로 사용하지 못하면 산만하게 들린다. 다음은 자연스러운 전개를 위해 필요한 연결어구들이다.

오프닝 → 주제

이런 주제에서 저는 ○○한 이야기를 드리고자 합니다.

이것은 제가 말씀드릴 주제인 ○○와 연관이 있습니다.

이런 상황은 현재 우리의 ○○한 상황과 닮은 점이 많습니다.

오프닝 → 첫 번째 주제

그럼 먼저 ○○에 대해서 이야기를 시작하겠습니다.

우선 ○○를 살펴보겠습니다.

첫 번째 → 두 번째 주제

다음 이야기로 넘어가겠습니다.

다음으로 ○○에 관해 이야기하겠습니다.

이제 ○○를 살펴보겠습니다.

다음으로 고려해야 할 사항은 ○○입니다.

두 번째 → 세 번째 주제

마지막으로 가장 중요한 것은 ○○입니다.

마지막으로 꼭 짚고 넘어가야 할 사안은 ○○입니다.

끝으로 잊지 말아야 할 것은 ○○입니다.

마지막 주제 → 요약

지금까지 ○○에 대해 살펴보았습니다. 결론은…….

한 마디로 요약하자면…….

모든 것을 종합해 볼 때…….

지금까지 말씀 드린 것을 요약해보면…….

요약 → 결론

그렇기 때문에…….

결론적으로…….

들으신 바와 같이 가장 중요한 사안은…….

이런 상황에서 제가 드리는 결론은…….

○○를 강력히 제안합니다.

지체 없이 ○○을 수행해야 한다는 것이 제 결론입니다.

짧게, 쉽게, 명확하게

"취미활동은 어떤 것이 있고 왜 그 취미를 갖게 되었습니까?"

"저는 봉사활동을 정말 즐겨 합니다. 학창시절부터 한 달에 두 번 이상 소아암을 앓는 어린 친구들을 위해 병원 봉사활동을 해오고 있습니다. 어린 나이에 중병을 앓으면서도 해맑게 웃는 친구들을 알게 된 후 절대로 이들과의 끈을 놓을 수가 없었습니다. 입사하게 된다면 봉사활동 동아리를 만들고 싶습니다. 십시일반해서 물질적인 도움까지 줄 수 있다면 막대한 병원비가 드는 어린 친구들에게 정말 큰 힘이 되리라 생각합니다."

예정 시간은 벌써 지났는데 눈에는 눈물까지 그렁그렁해 차마 말을 끊을 수 없었다. 봉사활동을 정말 좋아하고 진심으로 하고 있다는 느낌은 충분히 받았다. 하지만 면접관이 물은 것은 '취미와 그 동기'일 뿐이었다. 시간을 넘기긴 했지만 들을 만한 가치가 있는 이야기니 더 들었다 쳐도, 그로 인해 발표 시간이 줄어든 다른 구직자들은 어쩌란 말인가? 봉사활동을 열심히 하면 당장 자기 곁에 있는 사람은 배려하지 않아도 되는 것인가? 입사한다 해도, 본인이 추구하는 일에 치우쳐 상사가 요청한 일을 등한시하지 말란 법도 없다.

〈시학〉에서 아리스토텔레스는 이렇게 말했다.

"초보자들은 관객이 듣고자 하는 말을 하지 않고, 그저 자기가 하고자 하는 말을 한다."

면접에서 어떤 질문을 하더라도 결국은 미리 준비한 멘트, 자신의 강점으로 대답을 맺는 경우가 많다. 면접관이 듣고자 하는 바가 아니라면 아무리 감동적이고 논리적으로 말한들 제대로 평가받을 수 없다. 평가할 내용이 없기 때문이다. 면전에서 요청하는 얘기도 알아듣지 못하고 다른 소리를 하는 자체가 커뮤니케이션에 문제가 있다고 여겨질 수도 있다.

취미생활을 물어보는 까닭은 왜 하필 그 취미를 가지게 되었으며, 언제부터 어느 정도의 노력을 기울여왔는지를 통해 성향과 태도를 엿보기 위해서다. 그런데 그 취미가 얼마나 매력 있는지만 설명한다면, 취미를 통해 나 자신을 설명해야 한다는 사실을 간과한 것이다. 다른 질문도 마찬가지다. 면접관이 던지는 모든 질문은 구직자를 파악하기 위해서다. 그러므로 질문에 맞는 답을 해야 한다.

또한 너무 거창한 말로 꾸미지 말아야 한다. "철두철미한 책임감으로 무장하였으며" "대입 낙방이라는 쓴 잔을 마신 저는 와신상담의 자세로 절치부심하며 혼신의 노력을 다해" 같은 표현은 자기소개서에만 쓰이는 표현이다.

초등학교시절부터 대학시절에 이르기까지 상대를 배려하는 습관과 구김살 없는 성격 덕분에 늘 친구들이 많이 따랐습니다. 친구들 사이에 다툼이 있을 땐 중재하고 상담하는 역할을 도맡아 했습니다. 때로는 편안히 들어주는 특급 상담자로 때로는 기막힌 해결책을 제공해주는 고민 해결자로서의 역할을 하며 '역지사지易地思之'라는 사람철학을 갖게 되었습니다. 입장 바꾸어 생각하면 사람과의 관계에서 발생하는 세상의 많은 일들이 훨씬 수월하게 해결된다는 간단하지만 중요한 원리를 항상 마음속에 새기고 있습니다.

전혀 특별할 게 없고 식상할 정도로 흔한 '남의 말 잘 들어주는 성격'을 길게 늘여 설명하고 있다. 역지사지라는 사자성어까지 동원했지만 아무 감흥이 없다. 평가할 점도 없다. 왜 이력서와 자기소개서 같은 결정적인 글에 평소에는 쓰지도 않는 고사성어나 어려운 단어들을 억지로 끼워 넣을까 곰곰이 생각해보았다. 아마도 기성세대의 책임이 크지 않을까 싶다.

전쟁 그리고 빠른 성장을 통해 가능했던 근대화 과정에서 한국 사회에는 각종 선동구호와 허장성세의 말이 넘쳐났다. '747 공약'처럼 거창하고 멋진 말을 지어내기에만 몰두했지, 말과 글에 대한 냉정한 평가와 추궁이 없었다. 그러니 인생의 중요한 순간에 무언가 거창한 표현으로 과장을 하려는 습성이 생겼다.

간결하고 쉬운 문장으로도 얼마든지 심오한 내용을 전달할 수 있고 효과적인 표현을 할 수 있다. 고등학교 중퇴 학력으로 노벨문학상과 퓰리처상을 받은 작가 헤밍웨이가 그랬다. 처음, 비평가들은 "중학교밖에 안 나온 티가 난다. 글에서 문맹이 보인다. 문장이 너무 짧아서 독자들의 어휘력 향상을 가로막는다"고 그를 조롱했다. 하지만 글쓰기에 대한 그의 철학은 단호했다.

"좋은 글의 필수불가결한 특성은 명료한 문체다. 과다한 수식을 배제할 것, 간결하고 평이하게 서술할 것, 자신과 자신의 생각에 대해 확신만 있다면 반드시 좋은 글이 나온다."

제발 자기소개서는 단문으로 써라. 인터넷으로 검색한 '자기소개서에 주로 쓰는 고사성어'를 인용해 짜깁기한 장황하고 복잡한 문장을 읽자니 숨이 찰 지경이다. 중언부언하는 수식어를 배제하고 짧은 문장으로 명확하게 써야 좋은 평가를 받는다. 이것은 면접관의 질문에서도 마찬가지다.

때로는 빠르게 가끔은 천천히

자기소개를 우리말로 할 때와 영어로 할 때의 속도를 체크해보라. 자신 있는 모국어로 말할 때의 속도가 훨씬 빠르듯이, 잘 아는 주제일 때 말의 속도가 빨라진다. 또박또박 말은 하지만 속도가 느리다면, 머릿속에서는 다음 말을 어떻게 이어갈까 고민 중인 것이다. 말하고 있는 분야에 대해 잘 알지도 못하고 경험도 일천하다고 밖에 볼 수 없다.

반면 익숙하고 잘 아는 이야기라면 말을 지어낼 시간을 벌어가며 느릿느릿 말하거나 기어들어가는 목소리로 이야기하지 않는다. 면접관은 독심술을 연구한 사람이 아니지만, 잘 아는 이야기를 하고 있는지 잘 모르는 이야기를 하고 있는지는 단박에 느낀다.

"학창시절 내내 마케팅에 대해 열정적으로 탐구했고 다양한 포럼과 강연회에 참가했습니다. 또 마케팅 관련 스터디 활동과 인턴 근무를 하면서 꿈을 키워왔습니다."

"네, 그러시군요. 그렇다면 가장 도움이 된 마케팅 관련 책은 무엇이었습니까?"

"아……."

"최근에 참가했던 강연에는 어떤 분이 나왔나요?"

"음……."

4년 내내 마케팅을 열정적으로 탐구했다기에 역시 마케팅을 전공한 면접관도 책 한 권 추천받아볼까 해서 내심 기대를 갖고 질문을 했다. 그런데 한참을 머뭇거린다. 이때의 3초는 생각보다 길게 느껴진다. 지금까지 한 모든 이야기가 신뢰를 잃는 순간이다. 또한 최근에 참가한 강연 제목이나 강사가 단박 떠오르지 않는다면 오래전에 다녀왔다는 증거일 수밖에 없다.

반면 취미생활이나 가족에 관한 이야기는 물어보는 대로 척척 대답이 나오게 마련이다. 그런데 이런 질문에도 시간이 걸릴 때가 있다. "어릴 적 가족과 함께한 일 가운데 가장 기억에 남는 것은 무엇입니까?"라는 질문에 멈칫하며 표정이 침체된다면 부모의 이혼 등 무언가 숨기고 싶은 가족사가 있는 경우가 대부분이다.

또 신상에 관한 답변이 3초 이내에 나오지 않는다면 거짓일 확률이 매우 높다. 연인 사이의 대화를 상상해보면 분명히 알 수 있다.

"자기, 나 정말 사랑해?"

"정말이고말고."

"그럼 나랑 결혼할 수 있어?"

"겨, 결혼? 음……."

따라서 답변을 할 때는 가급적 속도감 있고 자신 있는 말투로 얘기하는 것이 신뢰감을 준다.

만약 자기소개를 영어로 요청받았다면, 침을 몇 번 삼킨 후에야 말문을 열기 시작해서 발음에 신경 써가며 또박또박 전개하기보다는 발음은 다소 망가지더라도 주저 없이 첫 문장을 탁 치고 나가는 편이 낫다. 영어로 말하기에 대한 두려움이 없다는 것까지 전달되기 때문이다.

그렇다고 모든 질문에 빨리 답하라는 얘기는 아니다. 사회적·정치적으로 첨예한 이슈에 대한 질문은 예외에 해당된다. 질문을 한 면접관이 답변을 하기에도 사안이 복잡하고, 계층 간에 첨예하게 대립하는 이슈거나, 논리적으로 접근해서 결론을 내야 하는 문제인데 어찌 그리 단박에 답변을 술술 해낼 수 있는지 의아스러울 때가 있다. 아마 구직자는 이런 문제에 대해 평소 많은 생각을 했다는 걸 어필하려고 자신 있게 빨리 대답을 시작했을지도 모르겠다.

그러나 그 질문이 설령 예상했던 것이었고 답변도 충분히 준비되어 있더라도, 몇 초쯤 잠시 생각하는 듯한 시간을 갖고 말문을 여는 편이 낫다. 그렇지 않으면 예상 문제를 뽑아 달달 외워온 답변을 하는 것으로 보이기 쉽다.

또한 잘 아는 이야기를 전개할 때는 말하는 속도도 빨라지고 목소리도 조금 커지며 자신도 모르게 손으로 제스처를 하기도 한다. 억지로 하는 어설픈 제스처 역시 잘 알고 하는 이야긴지 아닌지를 잘 드러내준다. 면접관은 이 모든 것을 간파하면서 당신의 이야기에 귀 기울이고 있다는 사실을 염두에 두고 답변하라.

면접은 100분 토론이 아니라 1분 스피치

답답하고 화가 나서 웬만하면 보지 않는 프로그램이 있다. 바로 〈100분 토론〉이다. 특히 정치인이나 관료들이 등장하는 찬반토론은 사회자가 아무리 집요하게 물어도 준비한 답변만 늘어놓다 끝나버린다. '자신의 생각'을 말하는 것이 아니라 '누군가의 입장'에서 말을 전하는 것일 뿐, 도무지 시원하게 소신을 얘기하는 법이 없다. 이렇다보니 한국에서 토크쇼란 연예인들이 나와 술 마시고 놀고 실수한 얘기를 하는 것으로 정착이 되어 있다.

반면 미국의 토크쇼는 한 사람을 초대해 집요하게 캐묻고 출연자와 진행자 사이에 심오한 대화가 오간다. 출연자는 대개 정치인이나 여론을 주도하는 인물이다. 출연자 가운데 운동선수나 연예인도 있지만 작품 홍보를 위해 출연하는 일은 없다. 그래서인지 골든아워에 방영될 만큼 시청률이 높다.

한국의 토론 프로그램이 재미없는 이유는, 사회적 영향력이 클수록 자신의 입장을 적나라하게 밝혀 피해를 볼까봐 조심하기 때문이다. 이제는 평범한 사람들도 공식적인 자리에서는 가급적 애매모호하게 의견을 말한다. 마치 다른 사람의 의견이나 공적인 정보를 전달하는 듯이 이야기하는 것이다.

면접에서도 마찬가지다. 여당을 지지하는지 아니면 야당을 지지하는지 질문한 것도 아니고 그저 특정 이슈에 대한 입장을 물었을 뿐인데, 이슈가 되는 현상에 대해서는 잘 풀어가다 결론은 대답을 않는 경우가 많다. 예를 들어 2008년 미국발 금융위기는 한국경제를 나락으로 떨어뜨렸다. 주식과 펀드는 반 토막이 나고, 환율도 유가도 종잡을 수 없는 상황이었다. 당연히 채용면접에서도 화두가 되었다. '미국발 금융위기가 한국경제에 미치는 영향'을 설명해보라는 질문이 있는가 하면 '미국발 금융위기를 극복하기 위한 한국경제의 해법'을 찾아보라는 질문도 있었다. 전자는 미국경제와 한국경제의 인과관계를 이해하고 있는지를 묻는 것이고, 후자는 한 수준 더 나아가 구체적인 실천방안을 말해보라는 것이었다.

그러나 대부분의 구직자는 현상에 대해서만 말할 뿐 해법에 대해서는 뾰족한 방법을 말하는 사람이 없었다. 그렇다고 "없습니다. 잘 모르겠습니다"라고 말하는 사람은 더더욱 없었다. 사실 멋진 대답을 바란 질문은 아니었다. 내로라하는 경제 전문가들도 제대로 답하는 사람이 없는데, 실물경제를 경험해보지도 않은 학생에게 얼마나 심오하고 분석적인 답을 원한단 말인가?

당시 미래에셋 박현주 회장은 이렇게 말했다.

"지금은 절호의 투자기회입니다. 어떤 바람에도 흔들리지 말고 장기투자에 대한 신념을 버리지 마시기 바랍니다."

지금이 절호의 투자기회라는 말은 값싼 주식을 사들이라는 얘기고 어떤 바람에도 흔들리지 말라는 소리는 갖고 있는 주식을 팔지 말라는 얘기였다. 주식을 팔아 장기주식으로 갈아타라는 말인지 일단 갖고 있으라는 말인지 생각할수록 헷갈리기만 했다.

또 KB금융 황영기 회장은 이렇게 말했다.

"싼 주식이 널려 있기 때문에 지금은 주식을 살 때입니다."

미래에셋 회장 말씀만큼 헷갈리지는 않는데 개미들을 동원해 자기네 손실을 막겠다는 듯한 뉘앙스가 느껴졌다.

우리만 사라고요? 당신도 사겠다는 얘기는 없습니까?

그런가 하면 자신도 펀드를 사겠다던 이명박 대통령이 펀드를 샀다는 소식은 없었다. 대통령이 샀다고 하면 최소한 그 상품만은 히트를 쳤을 텐데 말이다.

워렌 버핏은 〈뉴욕타임스〉 기고문에서 이렇게 말했다.

"지금은 투자할 때입니다. 나는 계속 미국 주식을 사겠습니다."

"대박의 비결이 뭐냐고요? 우량주식을 산 후 10년간 수면제를 드십시오. 나는 이 방법으로 포스코 주식을 사서 1조 원을 벌었습니다."

속이 후련했다. 외신을 타고 전해진 이 한 마디가 대통령의 특별담화를 30분 들은 것보다 훨씬 더 명쾌하고 신뢰가 갔다.

경제·정치·시사 문제에 관한 질문은 사실 수십 분이 주어져도 명쾌한 결론을 내기 쉽지 않은데, 이를 몇 분 내에 답해야 한다면 일단 결론부터 말하는 게 낫다. 설명을 요구하면 요약해서 인상적인 첫 문장으로 기선을 제압하는 방법을 써라. 말도 안 되는 이야기가 아닌 이상 확신에 찬 첫 마디는 명쾌함을 주고 그 후 이어지는 이야기에 대한 이해에도 긍정적인 영향을 미친다. 그러나 시작은 거창하되 주변을 맴도는 이야기만 하다가 끝나 기대를 저버리는 경우가 대부분이다. 면접관들은 이렇게 말할 수밖에 없다.

그래서 당신의 결론은 찬성을 한다는 말입니까, 반대를 한다는 얘깁니까?
아직 해법을 말씀 안 하셨습니다. 결론을 내고 발표를 마쳐주세요.

인간녹음기 같은 정치인이나 어느 단체의 대변인처럼 굴지 마라. 차라리 사이비 종교 교주처럼 확신에 찬 표정과 자신감 넘치는 목소리로 결론부터 말하고 부연설명으로 풀어가라. 도입부에 결론을 내고 부연설명에서 논리를 드러내는 건 회사 실무에서도 철저히 요구되는 원칙이다.

따라서 면접관들에게는 이런 방식이 가장 효과적이다. 그들은 평소에도 부서원들이 보고서를 써오거나 보고를 할 때 이렇게 말한다.

"무슨 소릴 하는지 모르겠어. 결론부터 얘기를 하라고, 결론부터!"

면접은 100분 토론이 아니라 1분 스피치다. 그래도 면접관에게는 하루 8시간, 480분 토론이 된다.

면접용 목소리 만들기

목소리는 타고난다. 앙칼진 소리, 옥구슬 굴러가듯 맑은 소리, 호흡이 긴 소리 등 천차만별이다. 면접 때마다 사람들을 만나면서 느끼는 것이 어쩌면 그렇게 다양한 소리를 가졌는지 새삼 놀라곤 한다. 이런 저런 경로를 통해 면접에 대해 물어오는 이들 가운데 자신의 목소리에 콤플렉스를 느끼는 사람이 매우 많다는 점도 놀랍다. 하지만 목소리는 정말이지 문제가 안 된다. 문제가 되는 경우는 구직자의 액션과 궁합이 맞지 않는 상황이다. 이를 단순히 목소리의 문제로 착각하고 있을 뿐이다.

면접장에 들어올 때, 구직자는 노크를 하고 들어와 "몇 번 지원자 누구입니다. 앉아도 되겠습니까?"라는 말로 운을 뗀다. 이때 목소리가 좋다고 가점을 주는 곳은 없다. 하지만 이런 인사도 없이 의자에 앉아 면접관만 멀뚱멀뚱 쳐다보고 있으면 감점 대상이다. 그렇게 해도 되는 분위기인지 여부가 파악이 안 된다면, 일단 하는 것이 좋다. 인사를 할까 말까 망설이다가 타이밍을 놓쳐 예의 없는 사람이라는 첫인상을 만들면 큰 손해다. 자신 없는 태도로 조심스럽게 인사를 하는 경우도 좋은 평가를 받지 못한다. 물론 분위기에 압도돼서 자신도 모르게 주눅 든 목소리가 나왔겠지만, 이런 태도로는 호감을 얻어낼 수 없다. 약간 큰 소리로 쾌활하게 인사를 건네야 자신감을 전달할 수 있다.

다만 너무 목소리를 크게 내거나, 지나치게 목소리 톤을 굵고 낮게 하는 것은 삼가야 한다. 특히 남성의 경우 긴장된 상황에서 깊게 숨을 내쉬다가 아랫배에 힘을 주어 말하는 경우가 많다. 그러다보니 "전체 차렷!" 구령을 붙일 때처럼 쩌렁쩌렁하고 굵은 목소리로 "안녕하십니까?"라고 인사를 한다. 게다가 면접장은 대개 작은 회의실이다. 시종일관 굵은 톤과 큰 볼륨으로 면접장을 쩌렁쩌렁 울리는 사람이라면 커뮤니케이션에 미숙한 사람으로 평가받을 수 있다.

여성의 경우는 작은 성량이나 하이 톤, 콧소리 때문에 고민하는데 이런 이유로 감점을 주지는 않는다. 다만 목소리가 작은 사람들의 대부분은 말을 이어가면서 점점 고개를 숙이는 바람에 성대가 막히면서 목소리가 점점 더 작아진다는 사실을 모르고 있다. 또한 목소리가 작아서 들리지 않아 되묻는 것이 아닌데도 발표 중간에 면접관이 질문을 하면 주눅 든 표정으로 입을 손으로 가리는 시늉을 하는 사람도 있다. 이런 경우 자신감이 결여되어 있고 소극적인 사람으로 보이게 마련이다.

하이 톤의 목소리를 신경 쓰는 구직자는 면접에서 긴장한 나머지 평소보다 더 하이 톤이 된다는 사실을 모른 채 목소리 자체에만 신경을 쓴다. 이래서는 올바른 해결책을 찾을 수 없다.

면접에 적합한 목소리는 뉴스를 보도하는 아나운서들이다. 그들은 목소리 톤을 어떻게 조절해야 하는지, 말하는 속도는 어느 정도여야 하는지를 명쾌하게 보여준다. 아나운서들이 전하는 정치·경제·사회·문화 이슈가 면접 발표 자료이기도 하다. 일단 여성 아나운서의 목소리는 평균적인 여성 목소리에 비해 저음이고, 남성 아나운서는 오히려 보다 높고 맑은 톤이다.

뉴스 다시 보기 사이트에는 아나운서의 목소리는 물론 멘트도 고스란히 올라와 있다. 아나운서의 목소리를 들으며 멘트를 따라 읽는 연습을 하면 된다. 따라 읽는 것만으로도 충분하지만, 어느 정도 이들과 비슷한 톤과 속도에 익숙해졌다는 생각이 들면 녹음을 해서 들어보기 바란다. 자신의 목소리를 들어보며 차분한 소리인지, 침체된 소리인지, 맑은 소리인지 아니면 탁한 소리인지 따져보고 원하는 방향으로 연습해가면 된다.

좀 더 입체적인 연습을 하고 싶다면, 친구나 선배 들의 결혼식 사회자를 모니터링하는 방법도 있다. 프로페셔널한 아나운서와는 달리 결혼식 사회자는 그야말로 나와 비슷한 수준의 일반인이다. 말 좀 한다고 마이크를 잡았지만, 호흡이 딸려 어색하게 문장을 끊거나 말끝을 흐리는 경우가 많다. 정해진 멘트를 국어책 읽듯 하기에 급급한지, 가끔 하객을 쳐다보고 주례자와 신랑, 신부의 상태를 살피는 여유를 보이는지도 잘 관찰해보라. 그리고 어느 때 어떤 점을 보완하면 제대로 된 사회자가 될 수 있는지 자신만의 멘트나 유의 사항을 작성해보라.

이런 연습이 되어 있다면 면접관 앞에서 주눅 들지 않고 반응을 살펴가며 여유 있는 모습을 보일 수 있다.

이런 질문 꼭 나온다

면접관이 반드시 하는 질문을 알려달라는 부탁을 종종 받는다. 대답을 들으면 백이면 백 실망스러운 표정으로 말한다.

"정말 평범하고 쉬운 질문이네요."

그러나 쉽고 평범한 질문일수록 인상적인 답변을 하기는 더욱 어렵다. 어려운 시사상식이나 사회적인 이슈에 대한 질문에는 전문가 수준으로 답해놓고선 오히려 기본적인 질문에 대답을 잘 못해 점수를 잃는 경우가 많다.

면접관들이 꼭 묻는 기본적인 질문은 다음과 같다.

1. 본인의 장단점은 무엇인가?

2. 동아리활동, 봉사활동, 취미 등 학창시절을 어떻게 보냈는가?

3. 아르바이트, 인턴 등의 사회 경험은 무엇인가?

4. 살면서 가장 기뻤거나 성취감을 느꼈던 때는 언제인가?

5. 좌절했던 경험은 무엇인가?

1. 본인의 장단점

장점을 묻는 이유는 장점이 많거나 뛰어난 사람을 선발하기 위해서가 아니라 업무에 적합한 성품을 가진 사람을 채용하기 위해서다. 재무나 인사 등 보수적이고 세심한 성품을 필요로 하는 관리직을 선발하는데 댄스 동아리 활동이나 동호회 회장 경험 등을 내세우며 외향적이고 사교적인 성향을 강조한다면 선택되기 힘들다. 같은 이유에서, 구직자의 면면을 통해 영업직을 염두에 두고 있는데 장점으로 봉사활동 이력을 내세운다거나 자신의 가치관에 집중해서 답변을 이어간다면 영업에 적합한 인재라는 평가를 얻기 힘들다.

온갖 장점을 일일이 열거하는 것도 부정적인 판단을 유도한다. 긍정적인 마인드, 배려하는 마음, 꼼꼼한 성격, 책임감, 열정, 창의성, 도전정신이 모든 문장마다 달려 있다면 신뢰감을 주기 어렵다. 장점을 내세울 때는 근거가 있어야 하며, 장점 자체보다는 스스로를 제대로 분석할 줄 아는 판단력이 중요하다. 그러므로 과도한 장점 내세우기는 금물이다.

2. 학창시절을 어떻게 보냈는가

학창시절에 대한 질문은 학업에 얼마나 충실했는지를 알기 위해서가 아니다. 학업 충실도는 학점으로 충분히 드러난다. 또 같은 학점이라도 공부만 한 경우보다 폭넓은 인간관계를 형성하면서 딴 학점이 더 값어치 있다. 동아리 활동이나 취미도 이와 같은 맥락이다. 같은 활동이라도 높은 수준에 이르렀다면 더 많은 노력과 열정을 쏟았다는 증거고, 다른 일에서도 그런 성과를 기대할 수 있다고 판단할 수 있다.

3. 아르바이트, 인턴 등 사회 경험

아르바이트나 인턴 근무 경험을 물으면, 대부분은 얼마나 많은 경험을 했고 이를 통해 어떤 성과를 냈는지를 중점적으로 설명한다. 하지만 면접관은 어떤 업종에서 일했는지도 중요하게 여긴다. 특히 아르바이트의 경우 휴대전화 판매를 했는지 음식점에서 일했는지 인터넷 쇼핑몰을 창업했는지 등을 통해 구직자의 가치관이나 성향을 추측할 수 있다. 물론 아르바이트 업종에 대한 평가 지침이 있는 것은 아니지만, 인성과 성향을 종합적으로 판단하는 데 변별력을 지닌 소중한 근거 자료가 된다.

4. 살면서 성취감을 느꼈을 때 / 5. 좌절했던 경험

기뻤던 일과 좌절했던 일이 무엇인가 역시 그 사람의 가치관을 잘 보여준다. 같은 결과를 두고서도 대단한 성공이라고 과장하는 사람이 있고, 이력서에 내세울 정도가 못된다고 생각하는 사람이 있다. 성취감을 표현할 때도 거창한 사건이나 국가적인 이벤트를 거론하는 자체가 그 사람의 성향이고, 이를 어떻게 묘사하고 이야기를 전개하는지도 많은 정보를 전해준다. 구직자는 어떤 '팩트'를 말할지 고민하지만, 면접관은 팩트는 물론 표현과 접근법에도 주목한다.

다음은 '학창시절 가장 도전적이었던 일과 그 일을 통해 배운 점을 기술하라'에 대한 두 편의 실제 자기소개서다.

하면 된다 JUST DO IT

필리핀에서 어학원을 다닐 때 그룹스터디를 하는 동기 두 명과 함께 '하면된다!'라는 마음으로 여행을 떠났습니다. 목적지만 정한 채 그곳에 대한 조사 없이 무작정 떠난 2박 3일 여행이었습니다. 가는 길도 알지 못했지만 현지인들에게 계속 물어가며 찾아갔습니다. 멀리 우회해서 간 길이라 예상 시간보다 늦었지만 원하는 곳까지 안전하게 도착했습니다.

도착한 이튿날 숙소를 나가자 현지인 한 명이 안내를 해주겠다며 계속 따라다녔습니다. 하지만 말도 잘 통하지 않는데다 왠지 위험하게 여겨져 그를 두고 음식점에 들어갔습니다. 음식점에서 한 시간 넘게 머물다보니 그는 사라져 있었습니다. 그래도 안전을 위해 좀 더 머물다 음식점을 나왔습니다. 여행은 무사히 마쳤고 어학원으로 안전하게 돌아왔습니다.

이 여행을 통해 계획의 필요성을 느꼈습니다. 같은 곳을 여행한 사람들보다 지출 비용도 많았고, 바가지도 썼습니다. 하지만 많은 대화를 통

해 영어회화 실력이 향상되었고 돌발상황에 대한 침착성과 대처법도
늘었습니다. 즉각적인 의사결정 능력도 키우고 주변 환경을 살피는 관
찰력도 배웠습니다. 계획적인 여행이 좋긴 하지만, 가끔은 무계획의 여
행을 하는 것도 도움이 된다고 생각합니다.

어학연수에서 음학이 아닌 음악을 만나다

필리핀으로 영어 어학연수를 떠날 때 저는 영어뿐만 아니라 필
리핀의 문화도 배우고 싶었습니다. 그래서 제가 생각해낸 방법
은 음악을 통해 현지인들과 교제하며 그들을 통해 필리핀의 문
화를 아는 것이었습니다. 저는 어릴 적부터 플루트를 연주해왔기 때문
에 악보만 있다면 어느 곡이든 연주할 수 있습니다. 하지만 저의 계획
은 밴드에 들어간 후 처음부터 어긋나기 시작했습니다. 멤버 모두 악보
를 읽을 줄 전혀 몰랐으며, 음악을 듣고 바로 '느낌'으로 코드를 잡고
연주를 했기 때문이었습니다. 처음에는 이 친구들의 연주방식을 수용
하기가 무척 어려웠습니다. 그래서 연주는 하지 않고 교제만 할까 생각
하기도 했지만, 제 연주방식의 틀을 깨고 그들의 방식을 적극적으로 배
우고 완벽하게 익히기 위해 노력했습니다.

음악을 듣고 바로 연주하는 일이 불가능하게 여겨졌지만 혹독한 훈련
의 반복으로 결국에는 멤버들과 함께 공연할 수 있었습니다. 이 일은
불가능하다고 여겨 시도조차 못했던 일들에 도전하게 해주는 계기가
되었습니다. 세상에 불가능이란 없다는 것도 몸소 배웠습니다. 또한 악

보만 보고 따라하는 정형화된 연주가 아니라 더 자유스러운 음악, '음
학'이 아닌 진정한 의미의 '음악'을 알게 되었습니다.

당신이라면 둘 중 어떤 사람을 선발하겠는가? 똑같이 필리핀으로 어
학연수를 다녀왔어도 한 사람은 저돌적으로 임했고, 다른 한 사람은 어학
연수 외에도 문화체험이라는 계획을 세우고 플루트 연주를 기획했다. 나
라면 무조건 후자를 택한다. 물론 영업사원을 선발한다면 도전정신이 충
만한 첫 번째 사람을 택할 수도 있다. 하지만 시장 마당에서 약을 파는 것
도 아니고 조직에 속한 영업사원이라면 사전 계획과 치밀한 기획력이 필
요하다. 전자의 필리핀 도전기는 여행 블로그에 어울리는 글일 뿐이다.

마지막 멘트는 인간미와 함께

면접을 마칠 무렵, 면접관들은 마지막으로 하고 싶은 말이나 궁금한 점이 있으면 이야기해보라고 주문한다. 시간이 남아서 던지는 말이 절대 아니다. 그것은 기사회생의 기회다. 대부분의 구직자는 미처 준비하지 못했거나 황당한 질문을 하게 마련이다. 마지막으로 주어진 이 기회마저 우물거리다가 날려버릴 수는 없다.

이 절박한 순간에 1분 스피치를 어떻게 구성해야 하는지에 대한 정답은 없다. 일단 준비했던 내용을 말하면 된다. 그리고 말할 기회를 준 것에 감사하는 마음을 시작이나 끝에 표현하면 자연스런 구성이 된다. 개중에는 제대로 못했던 답변을 뒤늦게 보완하려는 경우가 있다. 자칫 지나간 일에 집착하는 소심한 성격으로 비칠 수 있다. 또 면접관에게 새로운 면모를 보여줄 기회를 상실한다는 점에서 아쉽다.

답변을 할 테니 입장을 바꿔 자유롭게 질문을 해보라는 면접관도 있다. 역시 시간이 남아 무의미하게 던지는 말이 아니다. "답변보다는 질문으로 그 사람을 판단하라Judge a man by his questions rather than his answers"는 속담처럼, 구직자가 던지는 단 하나의 질문을 통해 그 사람을 파악하기 위해서다. "무엇이든 선택할 수 있을 때 그가 어떤 일을 하는가를 보는 것보다 그 사람을 잘 알 수 있는 방법은 없다There is never a better measure of what a person is than what he does when he's absolutely free to choose"라는 격언도 있다. 단 하나의 질문만으로도 구직자가 무엇에 우선순위를 두고 있는지, 직장 선택의 기준은 무엇인지 등이 드러난다.

그런데 대부분은 질문을 하지 않는다. 주어진 기회를 활용하려는 시도 자체가 없으니 적극성이나 자신감이 있는 사람이라고 볼 수 없다. 마음에 드는 사람과 첫 데이트를 하는 상황을 상상해보라. 헤어지기 직전에 더 하고 싶은 말이나 궁금하거나 요청하고 싶은 바를 말해보라는데 "없습니다. 필요하면 연락하세요"라는 대답이 돌아오는 것과 다르지 않다.

반면 "수고하셨습니다. 퇴장해주세요"라는 말을 듣고도 "저, 마지막으로 한 말씀 드릴 기회를 얻을 수 있겠습니까?" "궁금한 사항이 있는데 여쭤봐도 되겠습니까?"라고 질문하는 사람이 있다. 이런 요청에 거절을 했던 기억은 한 번도 없다. 하지만 질문을 한다는 자체만으로 점수를 따는 건 아니다. 질문을 잘못해서 점수를 잃거나 치명상을 입는 경우가 적지 않다.

"신입사원 초봉은 얼마입니까? 인센티브는 연봉에 포함됩니까?"

(다른 회사에 합격해서 연봉을 비교하고 있다. 연봉이 조금이라도 많은 회사에 갈 사람이다.)

"합격자 발표 후 입사 일은 정확히 언제입니까?"

(다른 곳에 합격해서 갈등하고 있다. 우리 회사 입사일이 더 빨라 입사를 한다 해도 신입사원 교육을 받거나 일을 하다 아니다 싶으면 이탈할 가능성이 많은 사람이다.)

"사내 유학제도에 대해 알고 싶습니다. 입사 후 몇 년부터 가능하고 사원의 몇 퍼센트나 갈 수 있나요?

(학업에 대해 미련을 버리지 못한 사람이다. 입사한다 해도 학업을 계속하기 위해 그만둘 확률이 있고, 회사 선발 유학을 다녀와서도 학업을 더 우선시 할 확률이 높다.)

드물게는 이런 질문을 던지는 구직자도 있다.

"면접관께서는 제가 합격할 확률이 얼마나 된다고 보십니까?"

(같이 일하면 피곤할 확률이 99퍼센트다.)

소개를 통해 이성을 만난 첫날 이런 질문을 받았다고 생각해보라.

"연봉은 얼마나 되나요?"

"집은 전세예요, 자가예요?"

"부모님 재산은 얼마나 되나요?"

"결혼한다면 시부모님을 모시고 살아야 하는 건 아니겠죠?"

이런 사항은 첫 만남을 갖기 전에 소개하는 사람을 통해 사전에 파악했어야 하는 정보들이다. 회사도 마찬가지다. 요즘은 마음만 먹는다면 인터넷을 통해 연봉이나 각종 복리제도에 대해 충분히 파악할 수 있다.

마지막으로 한 마디를 요청받았다면 과연 어떤 이야기를 해야 할까? 이성이 아니라 감성에 호소하는 인간적인 이야기가 좋다. 다시 한 번 비유하면, 데이트 내내 자신이 얼마나 잘났고 능력 있으며 장래성이 밝은지 이야기한 것도 모자라 헤어지는 마당에 또 자랑을 해대기보다는 겸손하고 인간적인 모습을 보이는 편이 점수를 딸 수 있다. 여태 잘난 체하던 남자가 마지막으로 할 말이 있다며 이렇게 말하는 것이다.

"만나서 얘기를 해보니 듣던 것보다 훨씬 더 괜찮은 분이라고 느꼈습니다. 딱 제 스타일입니다. 꼭 다시 만나고 싶습니다. 제 바람을 들어주실 거죠?"

게다가 구직자의 입장에서 회사는 나 말고도 만나자는 사람이 수천 명은 될 뛰어난 상대다. 그 앞에서 아무리 잘난 체를 한들 무슨 효과가 있겠는가? 마지막 순간까지 딱딱한 스펙 자랑과 논리 정연한 말로 무장한 구직자를 만날 때면, 저런 완벽함에 겸손함이나 재치 같은 인간적인 모습까지 드러낼 줄 안다면 얼마나 좋을까 하는 생각이 들어 아쉽다.

면접관은 나훈아를 좋아한다

　　나훈아를 좋아하는 구직자와 2NE1을 좋아하는 구직자 가운데 누가 더 기억에 남을까? 당연히 면접관이랑 비슷한 연식의 나훈아 쪽이다. 물론 어떤 가수를 좋아하느냐가 평가 요소는 아니며, 면접관이 던지는 모든 질문에 특별한 의미가 있어 점수화되는 것도 아니다. 예를 들어 구직자가 몹시 긴장했다면 편안한 분위기 조성을 위해 한두 가지 가벼운 질문을 던진다. 물론 이에 대한 반응으로 성격을 짐작할 수 있고, 이를 면접 점수에 반영할 수도 있다.

　　시간을 벌기 위해 질문을 던지는 경우도 있다. 각 항목의 점수를 집계하기도 하고 이력사항을 확인하면서 꼭 물어야 할 점은 없는지 훑어볼 시간을 갖기 위해 평이한 질문을 던지기도 한다. 이때 평이한 답변이 아니라 특이한 답변을 한다면 면접관은 고개를 번쩍 들고 집중하거나 추가 질문을 한다. 이런 킬링타임용 질문에 무언가 해프닝이 발생하면 본 면접 결과가 바뀔 수도 있다. 이런 일이 초반에 일어났다면 면접관은 면접 내내 선입견을 가질 수도 있다.

　　돌아가며 본인의 장점이나 단점을 1분 이내로 간략히 얘기해보라고 했는데, 1분을 넘겨 자기 얘기를 마냥 이어간다면 내용과 상관없이 주의 관찰 대상이다. 하지만 짧은 순간에 인상적인 답변으로 좋은 느낌을 주는 경우도 있다.

몇 해 전 각자 좋아하는 가수나 노래를 말해보라는 질문을 던졌을 때였다. 내가 입사할 당시만 해도 취미라면 음악감상, 영화감상, 독서가 대부분이었다. 취미가 영화라고 대답하면 어떤 장르를 좋아하냐는 질문이 이어지고, 음악이라고 대답하면 어떤 음악을 좋아하느냐는 질문이 이어졌다. 가요나 팝송은 평범하고, 트로트는 왠지 천박해 보일 듯해 헤비메탈을 좋아한다고 답하는 경우가 많았다. 요즘은 재즈나 힙합이 세련된 장르로 여겨지는 듯했다. 예상은 빗나가지 않았다.

한 구직자는 좋아하는 가수로 '크리스탈'을 꼽았다. 면접관들의 표정을 보고 구직자는 설명을 보탰다.

"네, FX의 멤버 크리스탈입니다."

순간 한 면접관은 속으로 '크리스탈은 그릇 이름인데' 라고 생각했다고 한다. 더 이상 이야기를 끌어봤자 시대에 동떨어진 구세대임을 알리는 듯한 기분이 들어 이야기를 이어가질 못하고 다음 사람으로 순서를 옮겨갔다. 그런데 이번 구직자는 나훈아를 좋아하는 가수로 꼽았다. 한 면접관은 눈을 휘둥그레 뜨고 물었다.

"아니, 뭐라고요?"

다른 면접관은 정색을 했다.

"나훈아가 한창 활동할 때는 태어나지도 않았을 나이인데 나훈아라니요?"

짧게 한숨을 내쉬는가 싶더니 그녀는 이렇게 이야기를 꺼냈다.

"실은 제 어머니가 나훈아 열성 팬입니다. 어렸을 때 집에서 늘 나훈아 노래가 들리는 게 너무 싫었는데, 많이 듣다보니 그런 건지 저도 나이가 들어가서 그런 건지 나훈아 노래 가사가 싫지 않았습니다. 그러다가 학교 MT 때 나훈아 노래를 한 곡 했더니 사람들이 아주 좋아하더라고요. 그 후론 저도 나훈아 팬이 되었습니다."

질문은 퉁명스럽게 했지만 내심 재미있는 친구를 만났다고 생각했던 면접관은 답변을 듣고 나니 그녀에게 더욱 호감을 가질 수밖에 없었다.

면접관의 관심을 끌거나 호감을 이끌어내는 정도까지는 아니어도 면접관의 입을 닫아버리게 하는 답을 해서는 곤란하다. 그런 센스라면 다른 질문에도 진부한 답을 할 확률이 높다. 또한 면접은 면접관과의 소통이지 일방적인 선거 유세가 아니다.

면 접 장

토론 면접
60
50

chapter 4

마인드 컨트롤을 잘하는 것도
인성이자 실력이다

능력보다, 인간성

면접장에서 난투극이 벌어진 사연

몇 해 전 프레젠테이션 면접에서 일어난 일이다. 제비뽑기로 주어진 주제에 대해 한 명이 10분간 발표를 하면, 같은 조에 속한 8~9명이 발표자에게 질문을 던지고 답하면서 10분간 토론하는 방식이었다. 어느 조는 순서를 기다리는 동안 조원들끼리 발표자에 대해 우호적인 질문만 하기로 담합했다. 하지만 본인 발표를 무사히 마친 한 사람이 돌변해서 공격적인 질문을 했고, 뜻밖의 질문에 당황한 발표자는 그야말로 죽을 쑤고 말았다. 면접이 끝난 후 면접장 밖에서 둘은 말다툼을 벌였다.

"어떻게 이럴 수가 있냐?"

"난 지극히 정상적이고 쉬운 질문을 던졌을 뿐인데, 거기에도 답변을 못한 네가 문제지 난 미안할 일이 아니다."

말싸움을 하다가 회사 로비에서 멱살을 잡고 한판 붙었다. 둘 다 탈락의 이유가 충분했다. 또한 이런 상황을 미리 방지하지 못한 담당자도 문책을 당했다. 이후로는 이런 상황을 방지하기 위해 조별로 한 방에서 대기하지 않고 큰 방에서 여러 조가 같이 대기하도록 한다. 또 호의적인 질문만 이어진다 싶으면 면접관이 개입해 비판적인 질문을 던진다.

이런 경우도 있었다. 집단토의 중에 유독 한 사람이 공격을 받았다. 물론 허술한 전개로 반론할 빌미를 제공하긴 했지만, 공격하는 사람이 지나치다 싶을 정도로 집요했다. '동성결혼을 허용해야 하는가'라는 주제에 허용해야 한다는 발표자의 의견을 끝까지 물고 늘어졌다. 결국 주변에 동성애자가 있는 건 아니냐는 질문까지 나왔고, 발표자는 순간적으로 이성을 잃고 자신도 모르게 욕설 섞인 혼잣말을 내뱉었다.

질문자는 바라던 대로 됐다는 듯 빙긋 웃으며 이것 보라는 듯 면접관들을 쳐다보았다. 이런 상황에서 발표자는 완전히 이성을 잃었다. 면접이고 뭐고 다 포기하고 질문자의 뒷통수를 손바닥으로 한 대 치고 만 것이다. 맞은 사람이 대응하지 않아 잠깐의 해프닝으로 그치고 면접은 계속 진행되었지만, 두 사람 모두 탈락이었다.

나는 흥분한 구직자보다는 그를 그 지경에 이르도록 자극한 구직자가 심정적으로는 더 문제가 있다고 생각했다. 하지만 표면적으로는 문제 삼을 수가 없었다. 이런 사람과는 함께 일하고 싶은 마음이 전혀 들지 않았다. 이것만으로도 탈락의 이유가 되기에 충분했다.

　면접관의 압박질문에 울음을 터뜨리는 경우도 합격과는 거리가 멀어진다. 스트레스가 많은 상황에서 판단력이 흐려지거나 이성을 잃고 당황하지 않는 침착함과 절제력을 테스트하는 것이 압박면접이기 때문이다. 그 상황을 못 이겨 울음을 터뜨린다면 보기 좋게 함정에 걸려든 셈이다. 아무리 악의가 없다고 해도 인신공격에 가까운 질문을 하는 건 너무 가혹하지 않느냐고 할 수도 있다. 하지만 위기 상황에 어떻게 대처하는가를 알아보는 일은 꼭 필요하다. 실제로 직장생활을 하다보면 위기 상황에 처할 때가 많다. 이에 대한 반응은 모두 다르다. 일례로 회사가 대내외적 경영 여건에 의해 구조조정을 하고 연봉을 몇 년째 동결하는 상황에 처했을 때, 어떤 사람은 비난을 하고, 어떤 사람은 회사를 그만두고, 또 어떤 사람은 노조를 만들자고 선동하고, 어떤 사람은 안타깝게도 스트레스로 인해 암에 걸리기도 한다. 심지어 자포자기해 자살을 하는 사람도 있다.

　자기 자신을 다스리지 못하면 어떤 일에서도 성취를 할 수 없다. 면접은 극도의 긴장감과 불안감으로 스트레스가 매우 높은 상황이다. 평소에는 웃어 넘길 수 있는 일에도 예민한 반응을 보일 수 있다. 면접대기실에서도 마찬가지다. 이런 상황에서 평정심을 잃지 않고 마인드컨트롤을 잘하는 것이야말로 진정한 인성이자 또한 실력이다.

집단토의 평가 포인트는
배려, 경청, 기록

면접 때 집단토의를 하는 까닭은 조직에서 얼마나 잘 협업할 수 있는가를 판단하기 위해서다. 따라서 단순한 토의가 아니라 구체적인 과제를 주고 경쟁과 갈등 상황을 유도한다. 이를테면 각자(대부분 8명)에게 창업 아이템을 주고 토의를 통해 투자에 적격인 두 명을 정하라거나, 회사 광고 모델로 섭외할 연예인 여덟 명을 각각 맡아 그 가운데 두 명을 선발하라거나, 회사가 후원할 올림픽 종목 두 가지를 정하라는 식이다.

이때 토의 진행자나 조정자, 의사결정권자의 역할은 아무에게도 부여되지 않는다. 면접관은 그저 주어진 30~40분간 관찰만 한다. 누가 어떤 식으로 말문을 여는가가 첫 번째 관전 포인트다. "일단 한 명씩 돌아가며 말해봅시다"라고 말하는 사람이 나오게 마련이고 이 사람에게는 당연히 리더십과 적극성에 대한 가점이 주어진다.

이렇게 시작된 발언은 마냥 길어지기 시작한다. 앞 사람이 말을 잘하면, 그 사람보다 더 돋보이기 위해 애쓰기 때문이다. 이때 같은 입장에서 "이제 그만 얘기하고 다음 사람에게 마이크를 넘기세요"라고 말하기란 그리 간단치 않다. 그런데 면접 진행자가 종료 5분 전임을 알려준다. 고작 한 번씩 의견을 냈을 뿐인데 곧 마쳐야 한다니 우왕좌왕하다 두 명을 선발하지 못해 마지막에 다수결로 정하자고 하는 경우가 대부분이다.

시작부터 토의 스케줄을 제안하는 사람도 있다.

"주어진 시간이 40분이니 돌아가며 2~3분씩 의견을 얘기하고 다수결로 네 명으로 압축한 뒤, 10분간 자유토론과 투표를 통해 최종 두 명을 선발하면 어떻겠습니까?"

이렇듯 완벽하게 회의를 주관하는 사람이 점점 늘고 있다. 집단 토의 진행 요령을 알고 있다고 여겨진다.

시간에 쫓겨 허겁지겁 결정했든 그렇지 않든, 마지막으로 선택된 두 명의 구직자에게 가산점이 주어지는 것은 아니다. 미션을 수행해낸 조원들에게 단체 점수가 있는 것도 아니다. 면접관은 그저 토의를 통해 각자의 주도력, 협조성, 의사소통 능력, 집단 내 창의성을 관찰한다. 토의에 참여하는 모습을 통해 많은 정보를 얻고 감점 요인과 가점 요인을 파악한다.

자신이 말할 때는 미소를 띠고 환한 표정을 짓지만 말하지 않을 때는 무표정하게 앞만 본다든지, 웃을 일이 아닌데도 매번 웃거나 혹은 남들 다 웃는데 혼자 웃지 않는 사람은 감점 대상이다. 목소리가 지나치게 작아 알아들을 수 없는 사람, 말을 우물거리는 사람, 핵심 없는 말을 길게 끄는 사람, 다른 사람의 의견에 매번 무임승차하는 사람, 다른 사람의 발언을 끊고 들어가는 사람, 전혀 공감을 얻지 못하는 발언을 하는 사람, 공격적이거나 감정적인 태도가 비치는 사람, 거의 발표를 하지 않는 사람 모두 감점 대상이다.

가점을 받는 가장 좋은 요소는 남을 배려하는 태도다. 동시에 입을 연 경우 발언 기회를 양보하는 사람, 다른 사람의 의견이 자신의 의견보다 나을 때 기꺼이 수긍하는 사람, 다른 사람의 의견에 공감하며 자기 의견을 더해 그 발언을 발전시키는 사람이 좋은 평가를 받는다. 돋보이는 발언을 한 사람이 자신보다 높은 점수를 받을까봐 교묘히 반대 의견을 주장하는 것이 아니라, 동의하는 의견에 대해 사심 없이 칭찬해줄 줄 아는 사람이 가점을 받을 가능성이 더 높다.

또한 경청에 그치지 않고 수첩이나 상황을 설명한 자료에 상대방의 의견을 적어서 정리하는 모습을 보인다면, 분석적이고 빈틈없는 성격으로 읽힌다. 이런 사람은 실제로 회의 진행에 도움이 된다. 회사에서 회의를 진행할 때면 기록하는 사람을 정하게 마련이고, 회의록을 정리해 보고서를 작성하는 것은 리더의 역할이다.

집단토의의 평가 포인트는 배려와 경청 그리고 기록이다.

압박면접에 대처하는
구직자의 현명한 자세

최근 여러 오디션 프로그램이 성행하고 있다. 과정과 결과가 투명하게 공개되는 것에 시청자들은 열광한다. 그 가운데서도 가장 공정한 심사를 하는 프로그램은 〈보이스 코리아〉 같다. 참가자를 보지 못한 채 노래만 듣다가 마음에 들면 합격 버튼을 누르는 방식이기 때문이다. 번듯한 외모나 구구절절한 사연 모두 소용이 없다. 노래 실력 한 가지로만 평가된다. 일종의 블라인드 면접이다.

기업은 이미 5~6년 전부터 블라인드 면접을 시행하고 있다. 출신 학교나 전공, 나이 등 신상에 관한 아무런 정보가 없는 상태에서 면접이 이루어진다. 처음엔 말 잘하고 면접 기법이 뛰어난 사람을 채용하는 어처구니없는 결과를 낳지 않을까 하는 의구심이 컸다. 하지만 해를 거듭할

수록, 백지 상태에서 질문을 던지면 아무 선입견 없이 구직자를 바라볼 수 있다는 사실을 깨달았다. 그동안 같은 질문을 던지면서도 스펙에 따라 기대치가 달랐다는 점을 인식하고 반성할 수도 있었다. 그렇다고 뛰어난 스펙을 가진 구직자에게 더 높은 점수를 주었다는 말은 아니다. 오히려 명문대 출신이 이 정도밖에 대답을 못하나, 실망을 하고 기대하지 않은 구직자가 답변을 잘하면 내가 다 뿌듯해서 점수를 후하게 주기도 했다.

그러나 구직자에 대한 정보가 없으니 기대치나 선입견 없이 질문을 하고 평가도 상상보다 훨씬 더 객관적이고 공정할 수 있었다. 구직자와 회사 모두에게 유리한 제도였다. 게다가 회사 입장에서는 몇 년 후 예상치 못한 성과를 하나 더 얻었다. 블라인드 면접으로 선발한 직원들의 이직률이 훨씬 적었기 때문이다.

이력서를 보며 진행하는 면접에서도 구직자는 블라인드 면접이라고 생각하고 임하면 된다. 좋은 조건을 갖추지 못했다는 자격지심을 갖고 면접에 임하다보면 그 마음이 얼굴에 고스란히 드러나게 마련이다. 반면 긍정적인 표정으로 대답을 착착 이어가면 면접관은 기대 이상이라고 여기고 눈여겨본다. 구직자에게 유리한 국면으로 접어드는 것이다. 그렇다고 지나친 자신감을 드러내라는 말은 아니다. 연기를 하라는 얘기도 아니다. 그저 주눅 들지 말고 자연스럽게 대답하면 된다. 자신이 가진 실력을 그대로 보여주면 된다.

《손자병법》에 나오는 이야기 하나. 강물에 들어가 맨손으로 물고기를 척척 잡아내는 사람이 있었다. 물속을 들여다보고 재빠른 손놀림으로 물고기를 잡는 것이 아니라 물속을 들여다보지도 않고 여유롭게 고기를 잡았다. 비밀은 흙탕물에 있었다. 맑은 물을 손으로 휘저어 흙탕물을 일으키면 물고기들은 순간적으로 방향감각을 잃고, 이때 손에 닿는 물고기를 잡아올리는 것이다. 이는 기원전부터 있어온 사냥법이고, 삼십육계 중 21계 혼수모어混水摸魚 작전은 바로 이를 응용한 전법이다.

또 서양에는 이런 속담이 있다.

"어떤 사람인지 모를 때는 다 정상적인 사람이다Everybody is normal until you get to know."

압박면접이 필요한 까닭은 정상적인 질문으로는 속마음을 파악하는 데 한계가 있기 때문이다. 평소에는 논리적이고 침착한 사람일지라도 뜻밖의 상황이나 위급 상황에서는 판단력이 흐려질 수 있다. 갑작스런 질문이 연달아 이어지고, 가까스로 답을 해도 기다렸다는 듯 반박이 들어오는 상황에서는 생각 없이 떠오르는 대로 대답하기에도 급급하다. 그런데 이런 모습이야말로 그 사람의 진짜 자질이라고 볼 수 있다.

"1, 2학년 때는 학업이랑 완전히 담을 쌓았군요. 뭐하고 놀았어요?"

좋지 않은 학점에 대한 질문을 예상하고 준비해온 답변은 이러했다.

"1, 2학년 때는 대학생활을 만끽하고자 동아리 활동을 열심히 했습니다. 여행도 많이 해서 학점이 좀 낮았습니다. 하지만 3, 4학년 때는 열심히 공부해서 평균 이상의 학점을 받을 수 있었습니다."

하지만 뭐하고 놀았냐는 질문은 당황스럽기만 했다. "네?" 하고 반문한 뒤 눈을 휘둥그레 뜨고 어떻게 말해야 할지 고민하는 사이 다른 면접관이 한 마디 더 거든다.

"당구는 몇 점이나 치나요?"

구직자는 또다시 고민에 빠져든다.

사실대로 말하면 학창시절 당구만 쳤느냐고 물을 것 같아 대답을 망설이는데 면접관은 재촉을 한다.

"당구를 잘 친다고 했는데 몇 점인지 점수가 있을 거 아닙니까?"

구직자는 얼떨결에 이렇게 답한다.

"네, 전 당구를 잘하진 못합니다."

당구를 특기로 적어놓고는 못한다고 하니 면접은 엉망이 되고 만다.

위기를 만났을 때 허둥대면 그만큼 상황은 더 꼬인다. 이때는 면접관의 압박질문에 즉각 대답하는 데만 신경 쓸 것이 아니라, 질문의 방향과 의도하는 바를 이해하고 답해야 한다.

압박면접에 나름대로 각오를 하고 임했지만, 마치 범인을 취조하듯 캐묻는 면접관의 태도에 얼굴을 붉히고는 너무한 것 아니냐는 눈빛으로 퉁명스럽게 답하는 구직자도 있었다. 또 아예 죄인처럼 고개를 못 들고 낙담하는 표정을 보이는 구직자도 있다. 이런 경우 면접관도 속으로는 매우 당황스럽다.

이런 태도라면 답변에 상관없이 실패다. 일을 하다보면 억지를 쓰거나 행패를 부리는 고객도 있고, 까다로운 프로젝트 수행으로 팀원 모두 피곤하고 신경이 날카로울 때도 있다. 이런 어려운 상황에서 보이는 반응은 사람마다 다르다. 스트레스에 대한 내성이 약한 직원은 먼저 짜증을 내서 다른 팀원들까지 동요하게 만들지만, 어떤 직원은 넉살 좋게 대처하고 유머감각까지 발휘해 뜻하지 않은 웃음을 이끌어내기도 한다. 압박면접은 이런 직원을 선발하기 위한 방법이기도 하다.

왜 학점이 낮습니까?

뭐하고 놀았습니까?

그것도 모르면서 우리 회사에 지원했습니까?

더 좋은 회사에서 합격 통보가 오면 거기 갈 것 아닙니까?

몇 해 다니다가 부모님 사업 돕는다고 그만둘 것 아닙니까?

현장에서 여자는 뽑지도 말라는데 무슨 배짱으로 지원했습니까?

전공에 관한 질문인데 이것도 대답 못합니까?

그 성적으로 우리 회사에 지원한 자체가 무리라는 생각은 안 듭니까?

이 같은 질문에 대응하는 가장 현명한 방법은 여유 있는 태도를 보이는 것이다. 우선 고개를 끄덕이거나 빙긋이 한 번 웃고 나서 입을 열어라.

'왜 그런 말씀을 하시는지 충분히 이해는 합니다. 하지만 그 정도로는 깊은 바다 속 같은 제 인격에 돌 하나 던지는 것과 같습니다. 표시도 안 납니다.'

이런 마음으로 여유 있는 모습을 보이면서 질문에 답하면 된다.

잘난 사람보다는 사회성이 좋은 사람

좋은 대학을 우수한 성적으로 졸업하고 토익 점수도 높고 자격증도 여러 개다. 어학연수에 대기업 인턴, 봉사활동까지 어디 하나 나무랄 데가 없다. 이력서만으로도 훌륭한 인재임을 알 수 있다. 하지만 면접관은 이런 경우일수록 더 철저히 검증하기 위해 전의를 불사른다. 그간의 뼈아픈 경험들 때문이다.

미국의 명문 대학을 졸업한 어느 신입사원은 입사한 지 며칠이 지났는데도 PC 지급이 되지 않는다며 사장님께 이메일을 보냈다. 물론 신입사원 환영회에서 사장님은 사소한 일이라도 좋으니 언제든 이메일이나 SNS로 소통하자고 했다. 하지만 그 부서의 사무용품 지급을 담당하는 직원도 있고 팀장도 있다. 그로서는 가장 효과적인 방법을 택한 것이지만 사업부장은 사장님께 질책을 들었고, 팀장에게 혼이 난 담당자는 주문한 PC가 도착할 때까지 임시로라도 쓰라고 본인의 PC를 내주었다. 오죽했으면 고참이 신참에게 자신의 PC를 내주었을까? 하지만 그는 남이 쓰던 PC는 쓰기 싫다며 거절하고 집에서 쓰던 노트북을 가져왔다.

또 한 명은 국내 최고의 명문대 출신으로 모든 면에서 탁월했다. 면접 때, 학창시절에 영어 과외 교사와 학원 강사로 대기업 초봉의 다섯 배를 벌었다고 말할 때만 해도 탁월한 어학 능력의 증거로 좋은 평가를 받았다. 그는 입사 후에도 영어 선생 노릇이 몹시 힘들어 연봉은 적어도 회사원이 되기로 마음먹었다며 은근히 학창시절의 수입을 자랑했다.

얼마 뒤, 회식자리에서 직원 간에 폭력을 휘둘러 한 사람의 앞니가 모두 부러진 사건이 있었다. 바로 그였다. 물론 두 사람은 인사위원회를 통해 징계를 받았다. 영어 실력을 탐내 인사팀에 로비 아닌 로비까지 해가며 그를 데려간 사업부장은 자책감과 함께 분노를 느꼈다. 그는 피해자임에도 불구하고 고참에게 대든 괘씸한 직원으로 찍혀 1년 만에 결국 사직을 하고 다시 영어 선생으로 돌아갔다.

기업 입장에서는 조직과 융화하지 못하는 사람이 가장 쓸모없는 직원이다. 그런 직원은 팀의 분위기를 깨는 정도가 아니라 회사 전체에 분란을 야기할 수 있는 시한폭탄이다. 기업은 잘난 사람보다는 사회성이 좋은 사람을 택한다. 능력이 출중하고 똑똑한 경우, 면접관은 사회성과 인간성을 갖추었는지를 더 면밀히 살펴본다.

스펙이 뛰어난 구직자들이 오해 내지는 의심을 받는 가장 흔한 경우는 리더십을 지나치게 강조할 때다. 그야말로 리더십 인플레이션이다. 소통 리더십, 서번트 리더십, 트러스트 리더십, 변화 리더십, 펀경영 리더십, 통합의 리더십, 크리스천 리더십, 프레임 리더십 등 온갖 리더십이 난무한다. 엔지니어를 선발하는데 모두가 뛰어난 리더십을 갖추었다고 자신을 소개하는 이유를 모르겠다.

'성장 배경과 가치관'에 대해 다음과 같이 적은 글이 있었다.

저는 학창시절 줄곧 반에서 회장을 맡았습니다. 남다른 리더십 능력과 그 풍부한 경험은 제 인생에서 값을 매길 수 없을 만큼 큰 재산이라고 생각합니다. 대학에 진학해서도 학군단을 지원했고, 졸업 후 임관을 해 육군 중위로 제대했습니다. 학교에서 회장으로 학우들을 통솔하는 일과 군대라는 특수한 조직에서 부대원을 이끄는 일 사이에는 많은 차이가 있었습니다. 열외자가 나오지 않도록 소대원들에게 싫은 소리도 해야 했습니다. 그러다보니 부대원들 사이에서 불만이 터져나왔습니다. 하지만 저는 머리가 아닌 가슴으로 다가가는 리더가 되고자 노력했고, 주말에 축구를 하거나 영화를 보는 일 등을 통해 마침내 부대원들과의 관계도 회복했습니다. 이렇게 저는 군이라는 조직에서 머리가 아닌 가슴으로 다가서는 리더가 되자는 생활신조를 가슴속 깊이 새길 수 있었습니다.

IT회사의 컨설턴트를 지원한 구직자가 왜 성장 배경의 전부를 리더십으로만 접근하는지 도무지 이해할 수가 없다. 컨설턴트는 고객의 니즈를 세심하게 파악해 지속적으로 철저히 고객을 모시는 역할이니 리더십만이 능사가 아니다. 사실 대부분의 구직자가 초중고 시절 반장 경력이나 대학교 동아리 회장, 학생회 임원 등의 경력을 무공훈장이라도 받은 듯 언급한다. 하지만 리더십과 회사에서 수행할 업무와는 어떤 연관이 있는지 전혀 알 수가 없다. 자격증 하나 추가하듯이 리더십도 있기만 하면 가점을 받는 줄 알지만, 실은 별 의미가 없다. 오히려 자기중심적이고 잘난 체하는 사람으로 오해받을 여지가 있다. 무의미한 이야기로 다른 이야기를 전할 기회를 없앴다는 점도 문제다.

조직과 잘 융화할 사람으로 판단되는 사람은 우선 외동보다는 형제가 많거나 핵가족보다는 대가족에서 성장한 사람이다. 장남이라면 부모의 기대에 부응하며 동생들을 이끄느라 리더십과 책임감이 있을 테고, 막내라면 형들에게 시달려 스트레스에 대한 내성이 강할 테고, 둘째라면 위아래로 치이느라 생존력이 뛰어날 확률이 높다. 조부모를 모시거나 식구 많은 가정에서 자란 사람도 핵가족에서 자란 사람보다 사회성이 높을 것이다.

그러나 핵가족의 외동이라 해도 조직 친화적 마인드를 어필할 방법은 얼마든지 있다. 예를 들면 동아리 활동을 활발히 했고 교우관계가 원만하다는 점을 부각할 수 있다. 리더였다는 사실은 중요하지 않다. 리더였음을 내세워야 하는 합당한 이유가 없다면 득보다는 오히려 실이 된다.

고졸, MBA를 이기다

유럽의 어느 기계회사가 헤드헌팅 회사에 현지법인 사장이 될 만한 인재 헌팅을 의뢰했다. 최종 후보자는 두 명이었다. 한 명은 유명 대학을 졸업하고 MBA를 취득해 일류 기업에 입사한 후 외국계 회사의 국내법인 사장을 지낸 화려한 경력의 A씨였고, 다른 한 명은 해외 주재 경험은 있으나 고졸에 중견 전기회사 근무 경험이 전부인 B씨였다. 본사의 사장이 면접 후 선택한 사람은 B씨였다. '해결할 일들은 보고서나 사무실이 아니라 현장에 있다'고 생각하는 그의 실천력과 행동력을 높이 산 때문이었다.

중견기업의 해외 주재원이라면 하나부터 열까지 직접 하지 않으면 안 된다. 반면 대기업에 있었던 A씨는 주재하며 많은 지원을 받아 현장에서 땀을 흘리며 일할 필요가 없었다. 자기소개서에도 화려한 경력을 점잖게 나열했을 뿐 진지함과 겸손함이 보이지 않았다. 그러나 B씨의 자기소개서에는 학력이 일천한 대신 현장을 뛰며 성취한 이야기가 진솔하게 담겨 있었다.

'고졸'이 'MBA 출신'을 이긴 일은 더 이상 놀랍지 않다. 은행원으로 다시 고졸 사원을 대거 채용하기 시작한 것도 같은 맥락이다. 채용시장은 지금 큰 변화를 맞고 있다. 일류 대학을 졸업했다고 우쭐하는 신입사원 지원자들을 보면 뭘 몰라서 그러려니 하고 봐줄 수도 있지만, 경력사원 지원자가 그런 모습을 보이면 딱하기까지 하다. 경력사원이야말로 가장 중요한 것은 당장 실전에 사용할 수 있는 업무 능력이다. 그런데도 학벌을 들먹이거나 이 회사에 자기 동문 선배인 모씨가 있지 않느냐며 은근히 신분을 과시하는 사람은 경계 대상 1호다.

경력사원 채용면접에서 또 하나의 관건은 전직하려는 이유에 대한 검증이다. 본인의 역량을 잘 어필할수록 "그런데 왜 그 회사를 그만두려고 합니까?"라는 면접관의 질문에 납득할 만한 이유를 설명할 수 있어야 한다.

사실 전직하려는 이유를 솔직히 말하기란 쉽지 않다. 연봉이 적기 때문이라고 말하자니 속물로 보일까봐 걱정되고, 팀장에게 '찍혀' 승진에서 누락됐기 때문이라고 말하자니 상사와 잘 지내지 못하는 사람이라고 자수하는 셈이고, 비공식적인 인원감축 정책에 따라 알아서 나왔다고 말하자니 스스로 가치를 떨어뜨리는 일이기 때문이다.

실제로 채용담당 부서는 구조조정을 시작할 예정이거나 이미 시작된 회사의 직원을 채용하기를 조심스러워 한다. 구조조정으로 인력이 대거 시장에 나올 때는 특별 위로금을 지급하는 대신 동종업계 취업을 제한하는 조건이 걸려 있을 수 있다. 또 많은 인력이 풀리므로 훌륭한 인재를 더 싼 연봉에 채용할 수 있기 때문에 신중을 기하게 마련이다. 이런 상황이니 사실대로 말하고 시작하지 못해 답변은 어설프고 어색하고, 이에 대한 면접관의 반론에는 더욱 답하기가 힘들어진다. 그렇다고 유능한 자신을 알아주지 않아 전직하려 한다고 답한다면 이런 반론이 들어올 가능성이 높다.

능력을 어필하지 못한 책임은 본인에게도 있는 것 아닌가요? 우리 회사에 온다면 다를 거라 생각합니까? 우리가 어떻게 당신을 믿고 채용할 수 있겠습니까?

경영 여건이 어려워져서 어쩔 수 없이 회사를 떠나게 되었다고 답한다면 면접관은 이렇게 물을 것이다.

몸담았던 회사가 그렇게 되기까지 본인은 어떤 역할을 했습니까? 만약 우리 회사도 경영이 어려워지면 또다시 발 빠르게 이곳 저곳 다른 곳을 알아볼 게 아닙니까?

경력사항과 업무능력을 어필하는 일 못지않게 중요한 일은 면접관에게 신뢰를 주고 조직에 융화되는 데 문제가 없음을 어필하는 것이다. 신입사원은 향후 역량을 예측해야 하지만 경력사원은 전 회사의 규모, 근무했던 사업부서, 보직에 대한 기록만으로도 업무 경험과 역량을 검증할 수 있다. 하지만 능력이 출중할수록 신뢰를 주기는 더 어렵다. 능력은 있는데 회사를 옮긴다면 인간관계가 좋지 않거나 비윤리적인 행위로 문제가 된 경우일 수도 있기 때문이다.

따라서 겸손한 성품과 조직 융화력을 최대한 어필해야 한다. 또 좋지 않은 소문이나 실패했던 프로젝트 등에 대한 질문에는 단호하고 명확하게 답변하되, 그런 소문의 원인에 대해서도 겸허한 마음으로 설명해야 한다. 면접관들이 더 이상 질문하지 않는다고 대충 넘어갈 게 아니라 명확히 해명해야 한다.

최근 면접에 실무자가 참여하는 경우가 늘었다. 같이 일할 팀원들이 모여 청문회 형식으로 면접을 치르는 경우도 있다. 상사들은 경력사원의 경험과 능력에 관심이 있지만, 문제는 협업할 동료들과의 관계일 때가 많기 때문이다. 기존 직원들은 외부에서 온 경력사원을 견제하게 마련이고, 이를 극복하려는 생존본능으로 경력사원은 더욱 애를 쓰다 불협화음이 터진다. 그래서 아예 같이 일할 사람들이 궁금해하거나 의심하는 내용을 직접 확인하는 면접이 행해진다. 외국에서는 보편화되어 있는 방식으로, 국내에서도 점점 늘어나는 추세다.

경력사원 지원자의 또 다른 고민은 연봉협상이다. 가이드라인이 있는 것도 아니어서 얼마나 더 불러야 할지 주저하다가 제대로 된 협상도 못해본 채 연봉계약서에 사인을 한다. 자신의 의견을 강하게 말하면 불이익을 받을까 싶어 연봉협상을 전문으로 하는 채용담당자의 논리에 딱히 반박하지도 못한다.

희망연봉을 쓸 때는 전 직장에서 받았던 연봉은 물론 성과급, 중식비, 차량유지비 등 각종 소득을 총망라한 합계금액을 정확히 알아야 한다. 연말정산으로 전년 소득은 서류로 명확히 알 수 있지만, 아직 회사에서 연봉인상률을 확정하지 못했거나 연말상여금을 받을 시기 이전이라면 기본 연봉 내역서에 나와 있는 금액을 소득으로 착각하기 쉽다. 때문에 실제보다 적은 금액을 받는 것으로 알고 낭패를 보는 경우가 적지 않다. 이미 전 직장 급여를 통보해놓고선 연봉협상 중에 다시 알려주겠다고 말하기도 쉽지 않다. 연봉을 더 받을 수 있는 틈이 보이니 꼼수를 부리는 듯 보일 수 있고, 자기 급여조차 챙길 줄 모르는 허술한 사람으로 여겨질 수도 있기 때문이다.

연봉협상을 할 때는 정확히 계산한 기존 연봉보다 20~30퍼센트 높은 금액을 요구하면 무난하다. 기존보다 두 배 높은 연봉을 요구하는 등 터무니없는 경우가 아닌 한 회사가 생각했던 연봉보다 몇 퍼센트 더 올려달라고 해서 문제될 것은 없다. 오히려 기존의 연봉을 그대로 받겠다는 경우(실제로 종종 만난다)가 문제다. 자존감 없는 모습이 업무능력까지 의심하게 만들기 때문이다. 이력서에 적은 경력과 업무능력을 근거로 채용담당자나 면접관을 설득할 수 있는 논리를 갖춘 사람만이 회사를 옮기고 연봉을 올릴 자격이 있다.

면접관이 관상학 교육을 받는 이유

S그룹의 창업자는 면접을 볼 때 늘 관상가를 대동했다고 한다. 그저 흘러간 이야기로만 알았는데, 매월 개최되는 인사담당자 세미나에서 관상가가 초청되어 사람 보는 법을 알려준 적이 있다. 그리 특별한 이야기는 아니었다.

눈은 안정적이면서도 광채가 있어야 좋다. 눈에 총기는 있어도 눈동자를 고정시키지 못하고 두리번거린다면 좋지 않다. 입을 앙다물고 있으면 성격이 강하고, 반대로 입에 긴장감이 없이 약간 벌어져 있으면 끈기가 없다. 일정한 속도로 또박또박 발음하면 침착하고 정직한 성격이다.

한 마디로 과유불급의 공식이다. 부족해도 좋지 않지만, 넘쳐도 모자란 것이나 마찬가지다. IQ가 높은 이들이 평범한 삶을 살지 못하는 경우가 많은 것도 같은 맥락이다. 구직자가 너무 잘생기고 예쁘면 과연 조직에 잘 적응할 수 있을지 염려가 된다. 스펙은 뛰어나지만 인상이 너무 세거나 눈을 제대로 마주치지 못하면 모난 성격이거나 소심한 성격으로 의심한다. 관상 지식이 없어도, 일맥상통이다.

면접까지 왔다는 건 이미 학점이나 영어 실력, 인성과 적성, 전공 지식, 발표력을 검증받고 마지막까지 도달한 상태다. 누구를 선발해도 충분한 셈이다. 그러니 이 시점부터는 그야말로 뽑는 사람 마음이다. 달리 말하면 기업의 경영 철학이 좌우한다.

같은 조건이면 잘생기고 예쁜 사람이 선발될 가능성이 높다고 생각하지만, 오히려 외모가 뛰어난 사람을 배제하고 그렇지 않은 사람을 선호하는 경우가 더 많다. 외모가 뛰어나면 일보다는 인기 관리에 여념이 없거나, 뛰어난 외모만큼 실력도 출중해서 금세 업무를 파악하고는 더 조건 좋은 곳으로 이직하거나 벤처기업을 창업한다.

불경기건 호경기건 신입사원이 1년 이내에 사직하는 비율은 대기업이 10퍼센트, 중소기업이 20퍼센트 내외다. 기업은 채용을 할 때부터 얼마나 오래 있을 사람인지 면밀히 계산할 수밖에 없다. 따라서 잘난 사람은 너무 잘나 보이지 않도록 겸손할 필요가 있고, 스스로 부족하다고 느끼는 사람은 편안한 표정과 자신감 있는 태도로 충성심을 어필해야 한다.

chapter 5

면접관도 때론
마음이 짠하면 반칙을 한다

면접관을, 내 편으로

적대적인 면접관을 사로잡은
그녀의 무기

이것만큼은 나오지 않았으면 하는 질문이 있게 마련이다. 그런데 구직자 스스로도 약점이라고 생각하는 부분은 면접관의 눈에 더 쉽게 들어온다. 게다가 그 약점이 반드시 검증해야 하는 부분이거나, 채용에 부적합한 사람임을 알려주는 부분이라면, 더더욱 면접을 통해 확인하려 든다. 또한 적대적인 면접관을 만날 수도 있다.

팝아티스트 낸시 랭이 S사와 대구의 모 백화점에서 채용면접을 볼 때였다. 경영진은 그녀의 기상천외한 아이디어와 기존의 틀을 깨는 파격적인 사고를 기업에 도입하고자 면접을 주선했다. 하지만 실무 면접관들의 시각은 전혀 달랐다. 어느 날 갑자기 낙하산으로 떨어져서 장래 자신의 상사가 될지도 모르는 '개념 없는 여자'에게 결코 호의적일 수가 없었다. 어떤 답변을 하건 사사건건 말꼬리를 잡고 윽박지르듯 하는 면접관과 약간 호의적인 편에 속하는 면접관이 있었을 뿐, 모든 질문이 압박 질문으로 다가오는 상황이었다.

이럴 때는 어떤 전략이 필요할까? 낸시 랭은 일단 악의에 찬 질문에는 반박하지 않았다. 일일이 해명을 하는 일조차 시도하지 않았다. 대신 질문 자체를 이해하지 못한 듯 조금 멍청하고 어리석은 체하며 면접관들로 하여금 웃음이 나오게 했다. 그것이 설혹 비웃음일지라도 일단 낸시 랭이 기가 세고 잘난 체하는 고집불통이 아니라는 인상은 갖게 한 셈이었다. 매우 적대적인 상대는 단지 실소를 불러일으켰다 해도 일단 무장 해제 시키는 것이 중요하다. 낸시 랭에게는 그것만으로도 성공이었다.

이후 낸시 랭은 가장 적대적인 면접관에게 모든 것을 걸었다. 눈을 맞추며 호의적인 미소를 보냈고, "목소리가 너무 좋으셔서 넋이 나갔는지 질문을 잘 이해하지 못했습니다. 다시 한 번 말씀해주시겠어요?"라고 너스레를 떨었다. 이런 상황이 이어지자 면접을 마칠 무렵 그의 태도는 꽤 누그러져 있었다.

왜 가장 적대적인 면접관을 타깃으로 삼았냐는 질문에 낸시 랭은 이렇게 말했다.

"여러 명한테 둘러싸여 싸움을 할 때는 누구를 먼저 패야죠?"

"네?"

"제일 약한 사람을 골라 한 놈만 패라고 하잖아요? 그것도 몰라요? 여러 명이 함께한 공식적인 자리에서 자기감정을 통제 못하고 의도를 드러내는 사람이야말로 가장 만만한 사람입니다. 감정적인 사람에게 논리적으로 답해봤자 소용없고, 그 사람의 감정을 누그러뜨리는 게 관건입니다. 그리고 그 사람이 처음과는 달리 다소 누그러졌다는 자체만으로도 대장이 목적 달성에 실패한 것이기 때문에 나머지 사람들에게 파급효과가 크지요.”

최근 낸시 랭이 보수 논객과 TV 토론을 벌였다는 기사를 읽었다. 날선 질문들에도 언성 한 번 높이지 않고 능청스럽고 코믹하게 토론을 이어감으로써, 오히려 배울 만큼 배웠고 나름의 논리로 무장한 논객을 조롱거리로 만들었다는 내용이었다. 당연한 결과라고 생각했다.

적대적인 면접관을 만나는 불운은 낸시 랭에게만 일어나는 것이 아니다. 자신의 가치관과 극명하게 대립되는 구직자를 만났을 때 면접관은 자신도 모르게 적대적이 될 수 있다. 예를 들면 동성애, 종교, 정치 성향, 국가관 등과 관련된 사안에서 면접관은 구직자의 생각을 결코 용납하지 못하거나 심지어 혐오할 수 있다. 이때 색안경을 끼고 달려들거나 또는 그런 체하는 역할을 맡은 면접관을 만났다면, 낸시 랭의 전법을 써보자. 논리적으로 맞붙거나 문제의 면접관을 두려워하고 회피하는 대신, 오히려 호의적으로 다가서며 최선을 다하는 모습을 보여라. 다른 면접관 모두가 좋은 점수를 줘도 최악의 점수를 고집하는 한 명 때문에 탈락하는 경우가 있기 때문이다.

착각은 자유 실망은 덤

다음은 면접을 보고 난 구직자들이 가장 많이 하는 이야기 가운데 하나다.

"면접관이 무척 호의적이었습니다. 제게만 많은 질문을 던졌는데, 탈락이라니 어처구니가 없습니다."

"저한테 필이 꽂힌 면접관이 있었습니다. 같은 지역 사투리를 쓰는 면접관이 제게 몇 번이나 기회를 줬고, 아예 정답을 알려주기까지 했거든요. 천운마저 따른다고 생각했는데 불합격이라니 배신감이 듭니다. 그 회사, 그 면접관을 이해할 수가 없습니다."

"특정인에게만 질문을 하고 다른 사람에게는 거의 질문도 하지 않기에 낙하산 구직자가 있나 보다라고 생각했습니다. 그런데 합격자 명단에 그 사람이 없더군요. 그 사람은 대답을 잘 못해서였다지만, 별 질문도 안

받고 합격한 다른 사람은 도대체 어떤 기준으로 평가를 한 겁니까?”

면접 중에 면접관이 답변의 가이드라인을 알려줬다면 어떤 경우일까? 구직자에게 호감을 느낀 나머지 친절하게 정답을 가르쳐준 것일까? 결론부터 말하면, 아니다.

역량이 많이 부족하지만 절박한 심정이 보여 다음 기회에는 잘하라고 응원을 해준 것이거나, 질문을 이해 못하고 계속 판정 불가의 답변을 하고 있으니 진행을 위해 설명해주는 것이다. 말귀도 못 알아듣는다고 화를 낼 수는 없고, 어차피 탈락할 사람이니 일일이 알려주는 것일 뿐인데 오히려 면접관이 자신에게 호감을 가졌다고 착각하는 경우를 심심찮게 봤다.

질문을 확실히 이해하고 제대로 된 답변을 해나간다면 굳이 이것저것 물을 일도 없다. 예상 문제를 뽑아 앵무새처럼 달달 외웠는지 체크하려는 목적이 아니라면 이런 경우는 질문을 많이 하지 않는다. 중간에 끊는 일도 없이 경청하게 마련이다.

그러므로 자신에게 질문이 집중된다고 해서 좋아할 일도 아니고 다른 사람에게만 질문이 집중된다고 해서 의기소침할 필요도 없다. 특정인에게 질문이 집중되면 그런 만큼 다른 사람들은 질문을 제대로 받지 못하니 편파적이지 않느냐고 묻는다. 나는 이런 의구심을 가지고 물어오는 사람에게 그 특정인은 합격했는지를 되물어본다. 70~80퍼센트 이상이 불합격했다. 그들에게 질문이 쏟아진 이유는 뭔가 면밀히 따져볼 점이 있는 사람으로 보였기 때문이다. 합격했다는 직원도 대부분 외국에서 공부를 오래 한 까닭에 한국말이 서툴지는 않은지, 외국 문화에 더 익숙해서 과연 한국 기업에서 잘 적응할 수 있을지 등을 면밀히 따져본 것이었다.

특이사항이 없는데 질문이 집중되는 경우도 있다. 남성이 대부분일 때 여성이 있는 경우가 대표적이다. 이공계 엔지니어링 전공자들이 주로 지원한 탓에 남자들 일색인 가운데 여성 구직자가 들어서면 면접관의 눈빛은 순간 빛이 난다. 면접관도 남자인 탓이지만, 과연 여성이 현장에서 잘 견뎌내며 근무할 수 있을까 의심하는 마음으로 면밀히 관찰할 수 밖에 없다.

아라비아 사막에서도 일할 수 있으니 남자들과 차별하지 말라며 큰소리를 치기에 선발했더니 몇 개월 지나지 않아 서울로 근무지를 옮겨달라고 떼를 쓰는 경우도 있다. 또 지방 기숙사의 독방과 현장만 오가느라 정신적 외상을 입었다며 진단서를 끊어온 경우도 있었다. 그렇기 때문에 면접관들은 여성 구직자에 대해 보다 면밀히 체크할 수밖에 없다. 그런데 남성 구직자들은 역차별을 당했다고 볼멘소리를 한다. 면접 시간의 대부분을 여성 구직자에게 질문하는 데 썼으니 나머지 남성 구직자들이 말할 시간이 줄어들어 손해를 봤다는 이유다.

남성 구직자들의 불만은 충분히 이해할 수 있지만, 꼬치꼬치 캐묻는 질문을 받을 기회를 못 가진 게 그리 손해는 아니라는 얘기를 해주고 싶다. 질문을 많이 받는다고 해서 합격 확률도 높아지는 것은 결코 아니다.

본인에게 질문이 집중되고 있다면 면접관들이 뭔가 더 깊이 알고자 하는 점이 있다는 것을 감지해야 한다. 당황하지 말고 여유 있는 모습으로 임하라. 관심을 받았으니 일단 성공이라고 생각한다면 당황할 이유가 없다. 질문에 대한 궁금증을 풀어주기만 하면 자신에게 유리한 국면으로 전환할 수 있는 기회이기 때문이다.

스토리텔링이 베스트텔링

학창시절에 가장 크게 성취한 일은 무엇이었습니까?

합창 동아리에서 임원을 하며 조직을 성공적으로 이끌었던 일입니다.

왜 하필 합창을 선택했습니까?

네, 전 어려서부터 노래를 즐겼고 교회 성가대도 쭉 해왔습니다.

노래를 그렇게 좋아하는 이유가 궁금합니다.

노래할 때면 집중이 되고 마음이 정화되는 걸 느낍니다.

노래를 혼자 하는 것과 동아리 활동으로 하는 건 무슨 차이가 있나요?

같은 걸 좋아하는 사람들이 모인다는 자체가 좋고, 여러 소리로 조화를
이루는 것이 합창입니다.

동아리 활동을 하면서 어떤 보람을 느꼈습니까?

정기공연을 한 것이 큰 추억으로 남았고, 회계담당을 하면서 조직 운영에 대해서도 많은 것을 배웠습니다.

일부러 궁금증을 유발하려는 목적이 아닌 다음에야 이야기는 물 흐르듯 자연스럽게 흘러가야 한다. 그리고 자연스러움 안에는 보이지 않는 형식이 존재하게 마련이다. 쉬운 질문에 대한 답변도 마찬가지다. 일정한 틀을 갖추고 대답해야 한다. 그래야 부연 질문이 나올 여지를 주지 않을 수 있다.

면접을 잘 치르려면 어떤 점이 제일 중요하냐는 질문을 많이 받는다. 한 마디로 잘라 말할 수는 없지만 일단 말을 잘해야 한다. 약장수처럼 막힘없이 술술 말을 쏟아내야 한다기보다는, 듣는 사람이 흥미를 잃지 않도록 재미있게 말해야 한다는 뜻이다. 그걸 요즘은 스토리텔링이라고 부른다.

면접에서도 스토리텔링은 매우 중요하다. 스펙은 면접의 기회를 만들어줄 뿐, 그 이후는 스토리텔링이 좌우한다. 전공, 학교 성적, 어학 능력, 인성 등 입사지원서와 자기소개서에 나열했던 내용들을 어떻게 말로 잘 엮어내는가가 면접의 관건이다. 구슬이 서 말이라도 꿰어야 보배라고 했다. 도대체 그 짧은 면접에서 어떻게 스토리텔링 기법을 적용해야 할지 난감할 것이다. 스토리텔링의 기본적인 틀을 STAR 기법으로 소개해 보겠다.

면접관은 구직자의 대답을 STAR Situation/Task, Action, Result 기법으로

분석하고 평가하도록 훈련받는다. 원래 이 기법은 거짓말 탐지기가 나오기 전에 포로나 죄인을 심문할 때 쓰였다고 한다. 어떤 상황Situation이나 역할Task이었기에 그 일을 시작하게 되었으며, 어떤 방식으로 일을 수행Action했고, 그 결과Result는 지금의 나를 어떻게 변화시키고 성장시켰는지 인과관계를 설명하는 방향으로 이야기를 풀어나가야 한다.

"학창시절 중 가장 크게 성취한 일은 무엇이었습니까?"라는 질문을 받았다면, 다음과 같이 답하는 것이다.

같은 뜻을 가진 사람들이 합창동아리를 만들어 노래를 부르는 과정에서 하나의 예술작품이 탄생하는 성취감을 느꼈습니다. 하지만 더 큰 성취감은 상급생이 된 후 동아리 운영을 하면서 느꼈습니다. 그간 회비 운영에 대해 적지 않은 잡음이 있다는 걸 알았습니다.(상황)
매년 임원진이 바뀔 때마다 잡음이 있었던 자금관리를 투명하게 하기 위해 저는 학기 중 2개월간 저녁 시간을 내어 회계학과 친구들의 도움을 받아 예산관리 프로그램을 만들었습니다.(수행)
제가 졸업한 지금도 그 프로그램을 잘 쓰고 있다는 후배들의 말을 들을 때마다 무척 뿌듯합니다. 회계관리는 물론 조직관리에 대해서도 값진 경험이 되었습니다.(결과)

면접관이 듣고자 한 점은 성취한 것이 있는가 없는가가 아니다. 있으면 가점, 없으면 감점을 주려는 것도 아니다. 면접관이 듣고자 하는 내용, 질문의 포인트를 알고 답한다면 면접관이 답변의 꼬리를 물고 질문할 일이 없다.

역할을 빼앗겨 면접관은 기분이 나쁠까? 결코 그렇지 않다. 면접관은 구직자가 질문의 포인트를 알고 답변하는 것에 흡족해하면서 편안히 들으며 좋은 평가를 내린다.

STAR 기법을 적용할 수 없는 경우도 있다. 실제로 있었던 일이다.

"가장 후회되는 최근의 일은 무엇입니까?"

"음…… 제 여동생 따귀를 잘못 때려서 고막이 터졌습니다."

더 이상 질문을 잇지 못했다. STAR 기법으로 왜 때렸는지, 어떻게 때렸기에 고막이 터졌는지, 후속조치는 어떻게 했는지, 그 일로 무엇을 느꼈는지 물었다가는 그가 완전히 전의를 상실할 것 같았기 때문이다.

숨기고 싶은 이야기가 있을 때

한 사람을 제대로 파악하기 위해서는 반드시 성장 배경을 알아야 한다. 가정환경, 부모와의 관계는 그 가운데 으뜸이다. "부모와의 관계를 스스로 평가해보세요"라고 말할 수 없으니 에둘러 "어릴 적 가장 기억에 남는 일은 무엇입니까?" "가족 사이에 있었던 에피소드 하나만 얘기해주세요" "부모님과 함께했던 가장 최근의 여행은 언제였습니까?" 같은 질문을 하는 것이다. 이에 대한 답은 다른 질문들에 비해 훨씬 다양하다.

승합차를 빌려 피서를 가다가 고속도로에서 타이어가 터져 한여름에 무척 고생했던 어릴 적 일이 아직도 기억에 생생하다는 사람도 있고, 등산과 낚시를 좋아하는 아버지 때문에 온 가족이 강제동원되다시피 해서 여행을 갔던 일이 기억에 남는다고 말하는 사람도 있다. 벌에 쏘여 온

몸이 마비됐던 일, 교통사고로 몇 달간 입원했던 일, 유괴당할 뻔했던 일을 가장 기억에 남는 경험으로 말하는 사람도 있다.

가장 많이 꼽는 일은 부모님과의 여행이다. 같은 해외여행이라도 표현하는 방식은 제각각이다. 거창하게 해외여행을 다녀왔다고 은근히 가정형편을 과시하는 사람도 있었다. 그러나 가장 기억에 남는 답변은 다음과 같았다.

> 먼저 취직한 형이 가족여행을 계획하고 매월 적금을 부었습니다. 저도 방학 동안 아르바이트를 해서 모은 돈을 보탰습니다. 그렇게 형과 함께 준비해 지난여름 온 가족이 해외여행을 다녀왔습니다. 뿌듯하고 잊을 수 없는 경험이었습니다. 입사하게 된다면 이번에는 제가 주도적으로 돈을 모아 다시 한 번 꼭 가족여행을 떠나고 싶습니다.

때로는 면접관을 미안하고 당혹스럽게 만드는 답이 돌아오기도 한다.

> 죄송합니다. 저는 부모님이 이혼을 해서 어머니랑 살았고 그리 떠올릴 만한 기억이 없습니다.

> 부모님이 맞벌이를 하셔서 주말 하루에만 부모님을 만났고 같이 여행을 간 적이 없습니다. 죄송합니다.

어릴 때 아버지가 실직하셔서 남들처럼 휴가를 갈 형편이 아니었습니다. 대신 일요일마다 아버지를 따라 동네 산에 갔습니다.

안타까운 마음도 들지만 한편으로는 어려운 가정에서 성장했어도 최종면접까지 왔으니 더 대견한 마음이 든다. 반칙이긴 해도 이런 구직자들에게는 그 자리에서 내가 생각한 모범답안을 들려주고 이를 토대로 다시 이야기하도록 했다. 우리 회사에서는 낙방을 하더라도 다른 회사 면접에서는 어떻게 해야 하는지 꼭 알려주고 싶었다.

저는 초등학교 때부터 어머니 밑에서 자랐습니다. 철없을 때는 다른 아이들이 부러웠고 부모님을 원망하는 마음도 있었습니다. 식당에서 매일 늦게까지 일하시는 어머니에게 여행은 꿈도 못 꿀 사치였습니다. 어머니의 헌신적인 희생으로 저는 무사히 대학을 마쳤고 이런 자리까지 오게 되었습니다. 취직하게 된다면 어머니를 모시고 꼭 한 번 여행을 다녀오고 싶습니다.

부모님은 조그만 가게를 운영하셨습니다. 주말에도 쉬지 않으셨기 때문에 남들처럼 며칠 동안 여행을 갈 형편은 못 되었습니다. 오히려 주말이면 저는 가게에 나가 일을 도와드렸습니다. 그렇게 일을 도우면서 부모님이 얼마나 힘든 일을 하시는지 깨달았고, 여행을 간 기억은 없지만 함께 일을 하면서 가족 간의 사이가 더 돈독해졌습니다. 이 경험은 값진 추억으로 남았습니다.

어릴 적 아버지는 실직 상태였기 때문에 여행을 다닐 상황이 아니었습니다. 그래도 아버지는 가족끼리 함께하는 시간을 만들기 위해 일요일마다 가까운 산으로 데리고 다니셨습니다. 처음엔 힘들고 싫었는데, 지나고 보니 그 덕분에 아버지와 많은 이야기를 나누고 체력도 좋아졌습니다. 그때 산의 매력을 알게 되어 이제는 등산이 취미가 되었습니다. 지금은 산에 오를 때마다 아버지께 감사한 마음이 듭니다.

평온한 바다는 결코 유능한 뱃사람을 만들지 못한다. 고난과 역경은 우리에게 인내심을 가르쳐주고, 인격과 성품을 만든다. 이러한 성품을 갖춘 사람은 성공하게 마련이다. 성공의 기회는 고난을 경험한 사람에게 더 많다.

가난, 이혼, 장애는 죄송하거나 부끄러운 일이 아니다. 주눅 들지 말고 여기까지 온 자신을 믿고 오히려 유리한 기회로 삼기를 진심으로 응원한다. "목숨을 잃은 것이 아닌 한 모든 고난은 우리를 더 강하게 할 뿐이다.What doesn't kill us only makes us stronger."

그 사람들과 골고루 눈을 맞춰라

상대방의 눈을 통해 전달되는 메시지는 참 크고도 다양하다. 그러나 유교적이고 권위주의적인 한국 사회에서는 윗사람의 눈을 쳐다보며 말할 기회가 거의 없다. 교수님은 물론 한두 살 위인 학교 선배에게도 눈을 응시하며 또박또박 말했다가는 당돌한 아랫사람으로 인식되는 분위기다. 하물며 수사관 앞에 선 기분이 드는 면접에서 거의 아버지뻘인 면접관의 눈을 응시하며 조목조목 논리를 펴기란 쉽지 않다. 대부분의 구직자는 처음에는 눈을 쳐다보다가도 면접관이 질문을 던지거나 얼굴이 굳어지기라도 하면 시선을 돌린다. 의식도 못한 자연적인 반응이지만 자신감이 없어 보이고 신뢰도 가지 않는다.

그렇다고 면접관의 눈에서 한순간도 시선을 떼지 말라는 소리는 아

니다. 눈에서 레이저빔이라도 내보낼 듯 면접관과 기싸움을 벌이는 구직
자도 종종 있는데 역시 좋은 인상을 주기 힘들다. 계속해서 면접관의 눈
을 쳐다보기 부담스럽다면 얼굴이나 목 부근에 시선을 두다가 가끔 눈을
마주치는 것도 한 방법이다.

　관상 보는 이의 말에 의하면, 눈동자를 차분히 고정하지 못하고 이
리저리 살피는 남성은 범죄자일 확률이 높다. 어느 방향에서 경찰이나
범행 대상자가 출몰하는지 살피기 때문이라고 한다. 여성의 경우는 술집
에서 일하는 사람의 특징이라고 한다. 어느 테이블에 술이나 안주가 비
었는지, 어느 손님이 어떤 표정을 짓는지 눈치 빠르게 살피는 버릇이 시
선 처리에 나타난다는 것이다. 일리가 없진 않지만 직장인 면접에서는
해당사항이 없는 극단적인 이야기로 알고만 지냈다.

　몇 해 전 신입사원 교육에서였다. 석 달간의 합숙교육 동안 미처
몰랐던 모습이 자연스레 드러나기 마련인데, 술자리에서 남자 교육생
한 명이 자랑 삼아 과거를 털어놓았다. 학창시절 용돈 벌이를 위해 호
스트바에서 술시중을 드는 아르바이트를 했다는 내용이었다. 관상 보
는 이의 말이 불현듯 떠올랐다. 그 직원이 면접 때 왜 그리 시선 처리
가 불안했는지에 대한 의구심이 비로소 해소되는 순간이
었다.
시선 처리에 관한 팁 하나는 면접관 여러 명을 상대할 때의
경우에 관한 것이다. 사람은 눈빛만으로도 상대방이 내게

호의가 있는지 아닌지 본능적으로 판단할 수 있다. 여러 면접관 가운데 내게 호감을 가진 사람이 누구인지 느낌이 온다. 그리고 자신도 모르게 내게 호의를 보이는 면접관에게만 자꾸 시선을 보낸다. 이때 그 면접관은 부담을 느낄 수도 있고 그보다 더 중요한 점은 시선을 받지 못한 다른 면접관에게서 좋은 평가를 기대하기 힘들다는 것이다.

면접관에게 골고루 시선을 보내는 편이 당연히 낫고, 여기에도 요령이 있다. 골고루 시선을 준답시고 몇 마디 하고서 시선을 옮겨가면 산만하고 불안해 보인다. 따라서 한 문장이 끝날 때 자연스럽게 시선을 돌리면 된다. 이렇게 시선을 옮겨가면서 여유 있는 모습도 보이고, 앞서 말한 내용을 정리하고 이어갈 시간도 확보할 수 있다.

눈을 자주 깜빡여도 심리상태가 불안한 것으로 오해받을 수 있다. 뭔가 생각이 떠오르지 않거나 잡념이 많을 때 눈을 자주 깜빡이게 되는데 눈은 크게 뜨는 편이 낫다. 특히 면접관의 이야기를 들을 때가 중요하다. 상대방의 이야기를 들을 때 눈을 가늘게 뜨고 생각에 잠기는 모습은 무언가 마음에 들지 않는 듯한 표정으로 여겨지기에 딱 좋다. 이왕이면 눈과 귀를 쫑긋 열고 듣는 듯한 표정이 좋다. 깜짝 놀란 것처럼 크게 눈을 뜰 필요는 없고 눈썹을 위로 살짝 드는 느낌 정도면 충분하다. 이때 고개도 약간 앞으로 내밀면 좋다. 그래야 면접관의 질문이나 코멘트에 호기심과 흥미를 느끼고 경청하는 태도를 드러낼 수 있다.

대부분의 구직자는 면접관의 질문에 답변만 잘하면 된다고 생각한다. 그러나 답변 내용만큼 중요한 것이 면접관을 대하는 태도다. 면접관의 말을 경청하고 호의적으로 반응하는 모습이야말로 업무 능력에 앞서는 중요한 인성의 반영이다. 그리고 그런 구직자에게 면접관은 자연스럽게 호감을 느끼게 된다.

면접관도 면접이 힘들다

현업 출신으로 처음 면접관에 나선 이들은 면접이 이토록 힘들 줄 몰랐다며 고개를 절레절레 흔들곤 한다. 구직자는 면접을 끝내고 집에 돌아가지만 면접관은 매 시간 평가를 하고 쉬는 시간에는 점수를 집계하고 순위를 정하느라 화장실에 다녀올 틈이 없다. 체력도 고갈돼서 집중하기도 힘든데다 비슷한 이야기를 수백 명에게 듣다보면 급기야 머릿속이 멍해진다. 그래도 한 사람의 사회생활을 좌우할 일생일대의 관문을 지키는 역할이니 소홀히 할 수 없는 게 면접관의 역할이자 애로사항이다.

이런 면접관의 보람은 감탄할 만큼 알찬 인재를 만나는 일이다. 재치 있는 한 마디도 훌륭한 피로회복제가 된다.

11시 40분을 막 넘어서고 있었다. 면접이 며칠째 계속되는 가운데 면접관들은 파김치가 되어가는 느낌이었다. 노크와 함께 들어선 구직자는 깍듯이 인사하고 난 후, 본인의 이름과 발표할 주제를 이야기한다. "안녕하십니까, ○○○입니다"라고 인사하는 그 짧은 순간에도 '음, 저 친구는 목소리가 착 가라앉은 것이 발표도 좀 무거울 듯 보이는군.' '저 친구는 벌써 떨고 있군' 하는 생각이 든다. 그런데 이 구직자는 "안녕하십니까?"로 말문을 열지 않았다.

"오래 기다리셨습니다. 이제 제 발표만 들으시면 맛있는 점심식사를 하실 수 있겠습니다. 제가 발표할 주제는 ○○○입니다. 처음이자 마지막인 이 순간 최선을 다해보겠습니다. 제 이름은 ○○○입니다."

세 명의 면접관들이 약속이나 한 듯 이 구직자를 향해 고개를 들었다. 어이없다는 듯 웃는 면접관도 있었다. 그의 순서가 끝나고 점심식사를 하러 가기 전 다른 면접관들의 점수를 살펴 보았다. 약속이나 한 듯 높은 점수였다. 식사를 하면서 나는 이에 대해 물었다.

"그 친구가 맛있는 식사를 하랬다고 점수를 높게 준 거 아닙니까?"

가장 높은 점수를 준 면접관이 숟가락을 놓고 정색을 하며 말했다.

"이 차장, 잘 들어요. 난 그런 사람이랑 일하고 싶어요. 인사팀에서 제시한 S등급의 조건도 '함께 일하고 싶은 사람'이지 않아요? 난 가장 화나는 때가 팀원들이 올린 결재서류를 보고하러 상무님께 다녀오니 불과 12시 5분인데도 나만 빼고 다들 밥 먹으러 나가고 없을 때예요. 자기네들이 써놓은 보고서를 들고 전쟁터에 나간 대장이 살아서 돌아오는지 전사했는지 궁금하지도 않다는 얘기잖아요. 아까 그 사람은 그러지 않을 것 같아요."

실은 나도 두 시에 있을 보고를 준비하느라 점심을 포기하고 일을 하고 있을 때 식사를 마치고 돌아온 후배가 "차장님, 점심 못 드셨죠?" 하며 빵과 우유를 놓고 가는데 눈물이 왈칵 쏟아질 뻔했던 기억이 났다. 그리고 그와 같은 직원을 뽑고 싶었다. 본 면접에서도 대답을 잘하길 내심 응원했었다.

다른 면접관도 거들었다.

"아까 그 얘긴 연출된 멘트가 아니었어요. 순서가 미리 알려진 것도 아니었고, 아까 우리 표정이나 분위기가 딱 그 얘기를 하고 싶게 만들었을 겁니다. 그런 배짱과 센스가 있는 사람이라면 회사원 자격이 충분해요. 발표도 똑 부러지게 잘하더군요."

이 글을 보고 점심시간대에 면접이 걸린 모든 구직자들이 이 말을 써먹을까 걱정이 앞선다. 면접관도 구직자와 똑같은 사람이다. 지금이야 근엄하게 앉아 있지만 몇 년 후에는 후배의 박수를 받으며, 혹은 손가락질을 받으며 회사를 먼저 떠날 직원의 입장일 수도 있다.

또한 할 말이 없을 때는 노래라도 불러야 한다.

답변을 잘하는가 싶었는데 어려운 질문에서 덜컥 말문이 막혀버린 구직자가 있었다. 솔직히 잘 모른다고 시인을 하며 한 번만 기회를 더 달라 해서 다른 질문을 건넸는데, 당황해서 머릿속이 하얗게 비어버렸는지 이 마저도 답변을 못하고 진땀을 흘리고만 있었다. 안타까운 마음에서 본인 PR을 위해 잘하는 것 하나만 해보라고 했다. 그래도 상황은 변함이 없었다. 노래를 잘한다고 썼으니 노래라도 한 곡조 불러보라고 했다. 그래도 요지부동이었다. 더 이상 기회를 줄 방법이 없었다.

또 한 사람은 자기소개를 영어로 해달라는 요청에 영어로는 준비를 못했다고 대답했다. 우리말로 해달라는 요청에는 이미 자기소개서에 다 썼다는 이유로 거절했다. 어이가 없었지만 프레젠테이션 면접을 하는 자리였기 때문에 질문으로 바로 들어갔다. 꽤 이슈가 되었던 사회적 현상이 주제였는데 주어진 10분 가운데 2분 만에 발표를 끝냈다. 의욕이 없어 보였다. 여기 왜 와서 앉아 있냐고 물었다. 교수님 추천으로 전공면접만 보는 줄 알고 왔다고 했다. 다음 발표자가 준비하는 시간이 있어서 무언가 평가를 해야 했다. 면접관 하나가 노래라도 한 곡 해보라고 했다. 그는 이렇게 답했다.

"전 노래를 못하는데요?"

반면 내 고등학교 친구 가운데는 모든 면접을 노래로 통과하는 녀석이 있다. 주민등록증이 나오면 가장 먼저 하고 싶은 일이 전국노래자랑에 나가는 것이라고 말해 친구들과 선생님을 웃겼는데, 입버릇대로 정말 전국노래자랑에 나가기도 했다. 그는 이 레퍼토리 하나로 참 많은 성공담을 뿌렸다. 대학 입학면접에서도 학교에 입학하면 무슨 일을 하겠냐는 질문에 전국노래자랑에 나가서 학교를 널리 알리겠다고 너스레를 떨었다. 교수들은 배꼽을 잡으며 얼마나 잘하는지 노래 한번 들어보자고 했다.

회사 입사면접에서도 인생에서 가장 기억에 남는 순간이나 성취한 기억으로 이 레퍼토리를 써먹었다. 어릴 적 꿈이었던 전국노래자랑에 기

어이 나가서 예선을 어떻게 치렀고, 그 도전을 통해 하고 싶은 일은 꼭 해야만 하고 그럴 만한 가치를 느꼈다는 등의 얘기를 하면 면접관들은 그의 노래 실력이 궁금해지게 마련이다.

이 친구의 노래 실력은 어땠을까? 한 마디로 '꽝'이다. 전국노래자랑에서도 '땡' 소리와 함께 떨어진 실력이다. 하지만 이것이 포인트였다. 노래를 잘하는 것보다 더 인상적이었다. 한껏 기대했던 노래 솜씨였기에 그가 노래를 시작하면 영락없이 웃음이 터지고 만다. 하지만 그는 형편없는 노래 실력을 아랑곳하지 않았다. "비록 실력은 최고가 아니지만 하고 싶은 일에 도전했다는 점을 늘 자랑스럽게 생각합니다. 지금 최고의 실력은 아니지만 회사 업무에서도 꼭 성취하고야 말 것입니다"라고 당당히 말했다.

당신 같으면 명문대를 나왔다는 이유만으로 거만하게 구는 구직자와 실력은 부족해도 겸손하면서 넉살도 좋은 구직자 가운데 누구를 택하겠는가?

노래와 관련된 또 다른 이야기가 있다. 최종면접 때 모든 이에게 노래를 한 곡씩 해보라는 사장님이 있었다. 유머 한 마디씩 해보라던 다른 사장님 때보다 훨씬 수월했다. 긴장한 가운데서도 다들 노래 한 곡씩을 했는데, 사장님 연배가 좋아할 법한 노래를 선택한답시고 다들 〈어머나〉를 불렀다. 구직자들은 눈치 빠르게 대처한 것이었겠으나 사장님은 곧 식상해했다. 나중에는 〈어머나〉를 부르기 시작하면 중단시키고 다른 노래를 요청했다. 사장님의 철학은 이러했다.

"노래하는 것을 보면 성격이 느긋한지 급한지, 배짱이 좋은지 아니면 새가슴인지 알 수 있습니다. 어떤 곡을 고르는가도 중요합니다. 자신을 얼마나 잘 파악하고 있는지는 자기 음색에 잘 어울리는 곡을 선택하는지 그렇지 못한지를 보고 알 수 있습니다. 최종면접까지 온 사람들은 이미 검증에 검증이 된 사람들이니, 나는 이런 면을 고려하겠습니다."

입사면접을 보는데 노래까지 준비해야 하나, 치사한 생각이 들 수도 있다. 하지만 회사에서도 노래 부르고 우스갯소리로 킥킥대는 것은 친구들 만날 때와 똑같다. 물론 근무시간에 그렇게 하는 것은 아니다. 친구들과 수업시간에 노래방에 가고 잡담을 하지 않는 것과 같다.

노래를 잘하는 사람을 뽑는 것도 아니다. 실력과 별도로 친구들과 어울릴 때 재미있고 성격도 좋아 인기 있는 사람이 있고, 조용하고 새침한 성격도 있고, 아예 모임에 어울릴 기회조차 없는 외톨이도 있다. 그런 사회성과 개성을 보는 차원이니 노래나 재미있는 이야기 혹은 감동적인 이야기 거리 하나씩은 준비하는 것이 필요하다.

면접관도 스트레스로 상담을 받는다

　　내가 과연 면접관으로서 적절한 사람인지, 면접에 임하는 태도는 올바른지, 문제점은 없는지 심리상담사에게 상담을 요청한 적이 있다. 명분은 '내가 잘하고 있는지, 더 잘하려면 어떻게 해야 하는지 알고 싶다'는 것이었지만, 사회생활 첫 걸음의 운명을 좌우하는 판정관이라는 역할에 알게 모르게 정신적으로 스트레스를 받아온 탓이었다.

　　수년간 면접관 노릇을 하면서 구직자들의 심리상태나 이해하지 못한 상황들을 분석해보고 싶다는 생각은 늘 있었지만, 내 자신에 대해 상담을 받아야겠다는 생각은 사실 없었다. 하지만 이런 결심을 하게 된 결정적 계기가 있었다. 어느 신입사원이 해준 이야기 때문이었다. 내 표정이 너무 냉정하고 쌀쌀맞아 면접에서 실력 발휘를 제대로 못했다는 것이었다. 인정할 수 없어서 다른 신입사원들에게 물어보니 모두 맞장구를 쳤다.

　　내가 웃지 않았던 것은 의도한 바였고, 나름대로 이유가 있었다. 사회생활을 시작하느냐 마느냐 하는 결정적인 순간, 생존이 걸린 최종 관문에서 히죽거리며 구직자를 대하다가 냉정하게 탈락시키는 건 더 잔인하고 배신감이 들게 하는 일이라고 생각했다. 내가 만난 사람 대부분은 탈락의 쓴 잔을 마셔야 하는데, 어떻게 이들 앞에서 웃음이 나올 수 있을까? 그렇다고 기선 제압이라도 하듯이 근엄하고 화난 표정을 지은 것은 아니었다.

그저 객관적이고 덤덤한 표정을 의도했는데, 그렇게 냉정하고 날카로워 보였다고 한다. 너무 긴장하는 모습이 안쓰러워 편하게 앉으라고 몇 번 얘기했던 것도 구직자 입장에서는 몹시 불편했다고 한다. 충격이었다.

심리상담사를 찾았다. 회사원들을 대상으로 전문 상담을 하는 김정은 심리학 박사였다. 그는 우선 면접에 관한 흥미로운 실험 결과를 들려주었다.

면접장으로 향하는 엘리베이터 안, 면접관이 우연을 가장하고 구직자에게 잠시 커피잔을 들어달라고 요청한다. 이때 커피잔은 따뜻한 것과 차가운 것으로 구분된다. 면접이 끝나고 조사한 결과, 따뜻한 커피잔을 건넸던 면접관에 대한 신뢰도와 면접에 대한 만족도가 훨씬 높았다.

면접관의 태도나 말씨, 표정뿐 아니라 면접 장소도 구직자의 심리에 영향을 미친다. 꽃이나 장식품으로 면접장을 꾸미면 구직자들의 마음을 편하게 만들 수 있고, 사람은 편안한 느낌을 가질 때 '아이스 브레이킹', 즉 꽁꽁 얼었던 마음이 녹아 감추고 싶은 속 이야기를 꺼내놓게 된다.

나는 새삼스레 상담실을 둘러보았다. 인형과 그림이 놓여 있고, 잔잔한 음악까지 흐르고 있었다.

상담을 마치고 나는 변화를 시도했다. 면접을 시작하면서 차도 한잔 권하고, 가족사진이 든 작은 액자를 갖다놓고, 가족 이야기를 물어보기 전에 내 이야기도 잠깐 했다.

"아이가 아직 초등학생인데도 반항이 심하고 말도 안 통합니다. 벌써 이러면 사춘기 땐 어찌 될지 걱정입니다."

그러고 나서 어린 시절 이야기를 물어보니, 그렇지 않았을 때에 비해 구직자들이 꺼내놓는 이야기의 깊이와 양에 엄청난 차이가 있었다.

면접에서는 자신의 모습을 좀 더 예쁘게 포장하게 마련이다. 하지만 아무리 잘 포장한들 그 속의 내용물은 변함이 없다. 그런데 겹겹이 둘러싼 화려한 포장지를 뜯다가 시간을 다 보내고 정작 내용물은 제대로 음미하지 못하는 경우가 많아지고 있다. 따라서 치밀하고 예리한 질문으로 속마음을 알아내고자 하는 기법은 더욱 복잡해지고, 구직자들의 대응 전략도 이에 비례해 단수가 높아만 간다.

생존을 걸고, 많은 시간과 노력을 들여 준비한 실력을 후회 없이 발휘할 수 있도록 구직자들을 배려하는 마음이 부족했다는 점을 뼈저리게 느꼈다. 공정하고 객관적인 평가도 중요하지만 이에 앞서 필요한 것은 구직자들의 마음을 최대한 편하고 안정적으로 만들어주는 일이다. 단지 구직자를 위해서가 아니라 회사의 입장에서도 올바른 선택을 할 수 있는 효과가 있다.

chapter 6

조직과 융화하지 못하는 직원이
가장 쓸모없는 직원이다

당락, 그 사소한 차이

면접은 대기실에서부터 시작된다

중국에 대규모 투자를 거의 확정지은 상태에서 현지 공장을 둘러보러 갔던 어느 독일인 회장은 근무자들이 바닥에 침을 뱉는 모습을 보고는 바로 투자 결정을 철회했다. 하나를 보면 열을 알 수 있고, 사원 개개인의 도덕성이 모여 기업의 윤리를 만들기 때문이다.

리더일수록 사소한 일에서 치명적인 위험요소를 발견할 줄 아는 안목이 높다. 1층 대회의장에서 대기하다 꼭대기층의 임원실에서 최종면접을 보는 날이었다. 추운 겨울에 진행된 상반기 채용이어서 감기로 코를 훌쩍거리는 사람이 적지 않았다. 무사히 면접을 마치고 면접비를 받아 1층 로비 회전문을 나서던 한 사람, 아직 가슴에 붙어 있는 수험표가 아니어도 검은 양복에 넥타이를 맨 모습이 누가 봐도 구직자였다. 그는 문을 나서자마자 화단에 가래침을 크게 뱉었다. 마침 차를 타고 회사로 들어오던 사장님, 그 모습을 보고 유리창을 내려 이름을 물었다. 그 구직자는 점수와 상관없이 탈락이었다.

요즘은 대기실에서의 태도도 염두에 둔다. 대기실에서 큰 소리로 전화통화를 하고, 자리를 전혀 정돈하지 않고, 다른 이들에게 면접 끝나고 술 한 잔 하자고 말하는 등 어딘가 이상한 구직자가 있다는 이야기가 들어왔다. 그는 전공면접과 영어면접, 프레젠테이션 면접을 모두 통과하고 최종면접에 이르렀다. 당시 사장님은 아이디어가 풍부하고 적극적인 사람을 선호해 구직자들에게 불쑥 유머 한 마디를 요구했다. 긴장해 있던 모든 구직자들이 머뭇거렸지만 그는 선뜻 나섰다. 그의 입에서는 듣기 민망할 정도의 음담패설이 나왔다. 그러나 사장님은 이를 긍정적으로 평가하고 말았다.

그는 주머니 속의 송곳이었다. 신입사원 교육 때부터 그에 대한 부정적인 이야기가 들려왔다. 담당자 말에 의하면 교육시간에 아예 고개를 뒤로 젖힌 채 큰 대 자로 다리를 벌리고 자는 경우는 그 말고 본 적이 없다고 했다. 또 남들은 눈물을 글썽이며 한 시간 가까이 부모님에게 감사편지를 쓸 때 3분 만에 다 쓰고 주위를 두리번거리기에 편지를 봤더니 큰 글씨로 이렇게 쓰여 있었다고 했다.

"감사합니다."

부서에 배치돼서는 입사 동기들 술자리 소집에만 적극적이고 평소에는 무기력한 모습으로 그럭저럭 지내는가 싶었다. 그렇게 1년이 지났을 때 그는 황당한 사고를 내고 퇴사하고 말았다.

면접 전의 태도도 살펴봐야 한다는 교훈을 주는 또 다른 예가 있다. 여름방학 때 인턴사원으로 근무하다 공채면접으로 다시 만나게 된 이였다. 굳이 아는 체하지 않아도 되는 상황에서 그녀는 반갑게 인사를 해왔다.

채용되면 대부분 지방의 현장에서 근무해야 했다. 일부 사업부에서만 서울 근무가 가능했는데 인턴 기간 동안 이런 점을 파악한 그녀는 서울에서 근무하기를 원했다. 이틀 동안 진행된 면접 첫날에 그녀는 뜻대로 안 될 수도 있다는 생각이 들었는지 면접 둘째 날 이른 아침 나를 찾아왔다. 빈 회의실에서 케이크를 선물하며 그녀는 자신이 서울에서 근무할 수 있게 도와달라고 말했다. 케이크 상자를 열어보니 아니나 다를까 백화점 상품권이 들어 있었다. 두말할 나위 없이 탈락이었다.

인턴으로 일하다 지원하는 경우 거의 채용된다. 이를 잘 알고 한 발 더 나아가 원하는 곳에서 근무하게 해달라고 꼼수를 부리다가 다 된 밥에 스스로 재를 뿌린 격이다. 업무 능력이 아무리 뛰어난들 이런 행위는 회사 윤리 규정에 의해 처벌받아 마땅한 일이다.

부모의 청탁 전화도 절대 금물이다. 온갖 루트를 통해 면접 결과를 미리 알려 들고, 회사 직원을 통해 합격 여부를 물어오며 압력을 행사하는 경우도 어리석기 그지없다. 합격권에 들어 있다가 이런 일로 탈락하는 경우가 적지 않다. 설령 합격한다 해도 인사부서는 그를 요주의 인물로 낙인 찍고 지켜볼 것이다.

미스코리아보다 왼손잡이

사장님 비서를 뽑을 때였다. 비서학과 교수에게 추천받은 학생들을 비롯해 공개채용까지 30여 명의 후보자들을 두고 최종 선발까지 많은 시간을 소비했다. 드디어 사장님이 최종 결정을 내렸다. 그런데 두 명이었다. 괜찮은 후보자가 많아 결정이 힘들었고, 마지막까지 남은 두 명은 누구라도 상관없으니 인사팀에서 알아서 결정하라는 것이었다.

인사담당 사업부장이 마침내 한 명을 결정했다. 어떤 기준이었는지 물었더니 '왼손잡이'를 선택했다고 했다. 채용 인사업무 25년 경력의 그가 가진 철학은 이랬다.

"왼손잡이는 오른손잡이보다 스트레스에 대한 후천적인 내성이 더 강합니다. 어려서부터 오른손을 쓰라고 야단을 맞고, 바꿔보라는 강요를 받지요. 여럿이 밥을 먹을 때면 오른손잡이들의 팔과 부딪치지 않도록 알아서 테이블 왼쪽 끝으로 가서 자리합니다. 버스를 탈 때나 지하철의 개표기를 지날 때 등 일상생활에서도 단지 왼손잡이라는 이유로 많은 불편을 감수하고 지냅니다. 그러니 스트레스가 많은 비서 직무 특성상 왼손잡이가 더 낫습니다.”

철저하고 완벽하게 시스템을 운영해야 하는 직무 후보에 오른 사람들 가운데 바둑을 취미로 둔 사람과 댄스, 여행 등 활동적인 취미를 가져 사람 만나기를 즐기는 사람이 있었다. 두 사람에게 취미생활의 깊이를 물었다. 바둑이 취미인 사람은 아마추어 1급으로 수준급이었고, 또 다른 사람은 댄스 동아리에서 분기마다 발표회를 열고 공연자는 물론 스폰서, 초대할 관객까지 두루 섭외하는 역할을 하고 있었다.

어느 쪽이 선택되었을까? 근무시간 내내 운영센터를 지키며 사람이 아닌 시스템을 점검하는 직무에서, 바둑이라는 취미는 깊이가 더할수록 유리하다. 하지만 댄스 같은 활동적인 취미는 그 깊이가 기분을 전환하는 정도를 넘는다면 오히려 좋은 평가를 받을 수 없다. 이런 점을 파악하는 것이 인성검사의 취지이자 평가 문제의 유형이다.

오랫동안 취미생활로 프라모델을 조립해온 사람이 S/W 코딩을 하는 직종에 지원했다면 금상첨화이고, 현장에서 늘 작업자들과 함께 바쁘게 지내야 하는 안전관리자 모집에 스킨스쿠버나 마라톤, 격투기처럼 강인한 체력이 필요한 취미를 가진 사람이 지원했다면 그에게 취미는 분명 가점 요인이다.

채용업무를 시작한 지 얼마 되지 않았던 10여 년 전, 부끄러운 기억이 있다. 각 사업부서에서 일할 다섯 명의 서무 여직원을 선발하는데, 각 사업부서는 최종 후보 여덟 명 가운데 원하는 사람을 점찍어놓고 있었다. 그런데 사업기획 팀장님이 가장 먼저 한 사람을 선발하게 해달라고 요청했다. 내게 격의 없이 친한 사이를 허락해준 사업기획 팀장님은 매우 유능하고 역할 모델로 삼고 있는 분이었다. 흔쾌히 수락하면서 넌지시 한마디 던졌다.

"전 팀장님이 누구를 선발하려는지 예상이 가는데요?"

"그래, 누굴까? 한번 맞춰보게."

난 지체 없이 한 사람을 지목했다. 미스코리아 지역 대회에 나가 입상할 만큼 출중한 외모를 가진 사람이었다. 저렇게 아름다운 사람이 왜 우리 회사에 지원했을까 싶을 정도로 눈이 부셨으니, 합격권에 든 사람들 가운데 당연히 그 후보를 탐내리라 쉽게 예상했다.

하지만 팀장님은 내 예상을 비웃기라도 하는 듯 가장 외모가 평범한 사람을 지목했다. 내 자신이 정말이지 한참 부족하다는 부끄러운 마음이 들었다.

"외모를 보고 사람을 채용하지 말게. 마케팅 부문 컨설턴트를 채용할 때 겉모습이 그럴싸하고 말솜씨가 뛰어난 사람들을 선발했는데, 극소수를 제외하고는 완전히 실패였다네. 회사를 이용해 제 몫만 챙기고 떠나거나, 자기 뜻에 맞지 않는다고 생각하면 여지없이 이직을 하더군. 잘난 사람들은 찾는 데가 많으니까. 하물며 차분하게 행정 일을 지원할 직원을 뽑는데 외모가 무슨 상관인가? 게다가 꽃에 벌떼가 몰려들듯이 본인 의지와는 상관없이 주변이 소란할 게 아닌가.”

그렇게 선발된 직원은 성품도 착실하고, 사내 결혼으로 아이 엄마가 되어서도 여전히 잘 근무하고 있다. 반면 미스코리아 직원은 1년이 채 못 되어 회사를 그만 뒀다. 신입사원부터 노총각 차장까지, 밥 한 번 사겠다고 줄을 서지 않는 사람을 세는 편이 더 빠를 정도였으니 말이다.

지금까지 언급한 기준들은 마지막 순간, 우열을 가리기 힘든 경우에 적용되는 기준이다. 승점이 같을 때 승자승 원칙이나 다득점 순으로 순위를 정하는 것과 마찬가지다. 최종면접에 이르지 못하면 이런 비교를 당할 기회조차 없다. 따라서 어떤 직무는 이런 사람을 선호한다는 식으로 중간과정을 생략하고 부풀려져 전해지는 이야기들에 현혹되지 않기를 바란다. 상식 선에서 생각하면 될 것이다.

무작정 따라하지 마라

본인 성격의 장점은 무엇입니까?

저는 매우 활달한 성격이어서 사람 만나는 일을 무척 즐깁니다. 따라서 영업이나 현장 업무를 희망합니다.

성격이 활달한 사람이 대인관계가 좋고 그래서 고객이나 현장 근로자를 상대하는 일을 잘할 것이라는 생각은 선입견이다. 말이 많고 활달한 사람이 미숙하면 더 심각한 마찰을 유발할 수 있다. 게다가 적성과 인성을 고려해 보직을 정하는 일은 회사의 몫이다. 그저 성격을 물었을 뿐인데 이렇듯 말이 앞서면 감점 대상이다.

만약 상사가 회사의 이익을 위해서라며 비윤리적인 명령을 내린다면 어떻게 하겠습니까?

회사의 이익이 걸려 있느니만큼 상사의 지시에 따르겠습니다.

예전 같으면 별 문제 없는 답변이었지만, 윤리경영이 화두가 되고 있는 요즘에는 결코 바람직한 대답이 아니다. 이런 문제에는 주변 여건을 상세히 파악해 논리적으로 접근하는 태도를 보여줘야 한다.

면접과 관련해 전해지는 이야기들은 다양하기 그지없다. 베테랑 면접관이 들어도 과연 사실일까 싶은 황당한 이야기들도 많다. 당사자에게 직접 들은 이야기를 하나 소개하자면 이렇다.

D그룹 공채 1차 면접에서였다. 3대 1의 압박면접으로, 준비된 내용을 발표한 후 한 시간쯤 질문이 이어졌다. 예상했던 전공 관련 질문에 답변을 했지만 면접관 세 명의 표정은 좋지 않았다. 그중 가운데 자리에 앉아 있던 면접관이 도저히 못 참겠다는 듯 심히 비꼬는 말투로 물었다.

"반도체에 대해 얼마나 알아요? 여기 면접 보고 간 사람들 중에는 대학원에서 반도체를 전공한 사람도 많아요. 그런데 왜 우리가 반도체를 전공하지도 않은 당신을 채용해야 하죠?"

답변을 분명히 준비했는데 갑자기 머릿속이 하얘지면서 아무것도 기억나지 않았다. 그 순간, 친구들과 농담으로 하던 말이 떠올랐다. '에라, 모르겠다' 하는 심정으로 그는 제 머리를 힘껏 내리쳤다. 그 소리는 면접장을 울릴 정도였고, 순간 싸늘한 정적이 흘렀다. 정적을 깨며 그는 외쳤다.

"저는 골 때리는 놈입니다! 전공 안 했어도 잘할 자신 있습니다!"

면접관들은 어이없어하면서도 크게 웃었다.

그 때문이었는지 그는 합격 통지를 받고 경영혁신팀으로 배치되었다. 면접에서 보여준 패기와 자신감으로 혁신을 이끌어가라는 의미였다.

이듬해 면접 오리엔테이션에서 채용담당자는 이 사례를 전하며 자신 있게 면접에 임하라고 격려했다. 그랬더니 비슷한 상황에서 제 머리를 치며 "저는 골 때리는 녀석입니다!"라고 외치는 사람이 나왔다. 그는 어떤 평가를 받았을까? 면접관들의 비웃음을 샀을 뿐이다.

이것이 바로 동시효빈東施效嚬이다. 양귀비, 초선, 왕소군과 더불어 중국의 4대 미인으로 꼽히는 서시西施는 월나라 왕 구천에게 발탁되어 미인계로 오나라를 멸망시키는 데 결정적인 역할을 할 만큼 대단한 미인이었다.

서시는 마을 서쪽에 사는 '시'씨 성을 가진 여인이라 붙여진 이름인데 같은 마을 동쪽에는 역시 '시'씨 성을 가진 추녀가 살고 있었다. 동시라고 불린 이 추녀는 서시가 입은 옷을 따라 입고 서시의 머리 모양을 따라하며 서시처럼 살고자 했다.

서시는 폐질환을 앓아 얼굴이 창백하고 길을 가다가도 통증을 느껴 가슴을 움켜잡고 얼굴을 찡그리곤 했다. 남정네들에게는 그 모습마저 매력적으로 느껴졌다. 동시는 이마저 흉내 내어 가슴을 움켜잡고 얼굴을 찡그리고 다니니 그런 꼴불견이 없었다. 본받을 효效에 찡그릴 빈嚬, 남들이 좋아한다고 판단력 없이 무작정 따라해서는 비웃음만 살 뿐이다.

채용담당자가 반하는 블로그 꾸미는 법

구직자들은 예외 없이 자신은 창의력이 뛰어나고 도전정신과 열정, 긍정적 마인드를 갖춘 차별화된 인재라고 말한다. 이렇듯 자기소개서의 변별력이 한계에 달하다보니 요즘은 구직자의 블로그나 페이스북을 살펴보기도 한다. 알찬 정보나 흥미로운 읽을거리로 많은 방문자를 갖고 있는지, 어떤 주제로 포스팅을 하고 있는지, 국가 정책이나 사회적인 이슈에 관해 어떤 생각을 갖고 있는지 등을 살펴보면 그 사람의 많은 점을 알 수 있기 때문이다.

예를 들어 면접 때는 특정한 사회적·정치적 사안에 대해 긍정적으로 이야기했지만 SNS에 남긴 글을 찾아보면 속마음은 달랐다는 점을 쉽게 알 수 있다. 또 사람 만나기를 무척 좋아한다면서 소셜네트워크 활동이

미미하다면 자기소개서 내용과 앞뒤가 맞지 않는다. 반면 블로그에 자신이 참여한 프로젝트에 관한 멋진 자료가 올라가 있고 이를 많은 사람들이 퍼간 흔적이 있다면 프로젝트를 성공적으로 수행했다는 자기소개서 내용을 더욱 신뢰할 수 있다. 또 블로그에 사진을 곁들인 여행기를 꼼꼼하게 올려놓았다면 어떤 성격인지 단번에 느낄 수 있다.

"인터넷 포털사이트에서 제 이름을 검색하면 프로젝트를 수행하며 블로그에 올린 제 글을 여러 곳에서 찾을 수 있습니다."

여행이든 취미든, 꼭 전공과 관련된 것이 아니어도 위와 같은 말을 덧붙일 수 있다면 실제적이고 깊이 있는 지식을 가진 것으로 평가받을 수 있다.

요즘은 많은 기업들이 SNS를 살펴보기 시작하고 있다. 이를 알고 취업기간 동안 SNS 계정을 없애는 구직자들도 있다. 그 동안 SNS에 쓴 글들이 한결같이 정부에 반대하거나 정치인을 조롱하고, 친구들끼리 나눈 음담패설과 욕두문자 섞인 글이기 때문이다.

바야흐로 SNS의 시대다. 회사에서도 SNS의 위력과 필요성을 통감하고 수백억 원을 투자해 업무 시스템에 SNS를 적극 활용하고 있다. 개인 블로그에 업무 관련 지식을 포스팅해 직원들끼리 공유할 것을 권하고, 트위터나 페이스북을 통해 상하 간에 격의 없는 소통을 하라고 권장한다. SNS에 눈 뜨기 시작한 기업 입장에서 좋은 콘텐츠를 발굴하거나 창출하고 이를 적절히 홍보하는 능력은 꼭 필요한 업무 능력이다. 또한 폭발적으로 확산되는 SNS의 특성상 올바른 가치관과 윤리의식은 더욱 중요시되고 있다.

채용에서도 SNS는 중요한 평가 요소로 자리 잡을 전망이다. 자기소개서의 일부 항목을 대체하게 될지도 모르겠다. SNS를 통해 많은 인적 네트워크를 구축하고 있다면 사회적인 영향력과 파급력을 갖춘 사람이라고 볼 수밖에 없다. 많은 소셜 친구들을 거느린 구직자가 일상적인 글 외에도 전공이나 미래를 준비하는 활동에 관한 글을 SNS에 차곡차곡 쌓아놓은 모습을 발견한다면, 채용담당자는 이를 통해 회사도 잘 홍보할 수 있는 사람으로 여기고 가점을 주지 않을 이유가 없다.

'채용담당자가 반하는 블로그 꾸미는 방법'이 채용 정보로 돌아다니게 되지 않을까 걱정이 되기도 한다.

시작부터 끝까지 사랑스럽게

대기실에서 면접을 기다리는 모습은 천차만별이다. 시험공부를 하듯 준비해온 자료에 동그라미를 치면서 중얼거리는 사람, 이어폰을 낀 채 눈을 감고 있는 사람, 스마트폰에서 손을 떼지 못하는 사람, 면접장 분위기를 사진으로 찍어 카카오스토리나 페이스북에 올리는 사람, 두리번거리다가 대기자들에게 말을 걸며 그들의 신분과 정보를 파악하려 드는 사람, 좋은 정보가 있다며 너스레를 떠는 사람, 말 붙이기 무서울 만큼 눈을 부릅뜨고 다른 사람들과 기싸움을 하는 사람…….

면접 전 항상 대기실을 둘러보는데, 일생일대의 중요한 경기를 앞두고 휴대전화에서 손을 떼지 못하고 있는 사람을 보면 '사무실에서도 틈만 나면 휴대전화로 수다를 떨겠구나' 하는 생각이 절로 든다. 누군가가 대기실을 둘러보고 있다는 사실도 모른 채 휴대전화만 들여다보고 있는 사람과, 조용히 앉아 명상을 하거나 준비한 자료를 보다 눈이 마주치면 가볍게 인사라도 하는 사람에게 결코 같은 평가를 내릴 수 없다. 면접을 기다리는 모습만으로도 누가 더 준비된 사람인지 알 수 있다.

입장하는 태도도 중요하다. 10여 년 전 면접관들에게 배포되는 평가 가이드에는 면접장 문을 발로 차고 들어오는 구직자는 성격이 급한 것으로 간주하고 감점을 하도록 나와 있었다. 면접장에 들어오면 거침없이 의자에 앉는 사람이 있는가 하면, "앉아도 되겠습니까?"라고 굳이 물어보는 사람이 있고, 앉을 때도 소심하게 앉는 사람, 자신감 있게 앉는 사람, "감사합니다"라고 인사하며 앉는 사람 등 여러 경우가 있다. 물론 어떻게 앉느냐에 대한 평가 항목이 존재하지는 않지만, 그 사람의 성향을 가늠하는 훌륭한 참고자료가 된다.

여러 명이 함께 입장할 때는 상황이 또 다르다. 앞 조에서는 우왕좌왕하며 자리에 앉았는데, 이번 조에서는 맨 옆에 선 구직자가 "차려, 경례!" 하고 구령을 외쳐주며 단체로 반듯하게 앉게 해주었다면, 구령을 붙인 구직자에게는 자연스레 호의를 갖게 되거나 가점을 주게 된다. 작은 행동에서 보이는 리더십도 면접관은 놓치지 않고 살펴본다.

앉은 자세에서도 성격이 드러난다. 갓 입대한 훈련병처럼 온 몸에 힘이 잔뜩 들어가 팔을 곧게 펴고 주먹을 꽉 쥐어 무릎에 올려놓는데, 안쓰러워서 편히 앉으라고 해도 여전히 긴장을 풀지 못하는 경우도 있다.

반면 처음부터 느긋한 자세로 등받이에 기대어 앉는 사람, 고개를 삐딱하게 꼬고 앉는 사람도 있다. 자연스럽게 앉더라도 등받이에 기대면 좋은 인상을 줄 수 없을뿐더러 기도가 굽어져서 정상적인 성량을 유지하기 힘들다. 의자에 엉덩이가 닿는 면적을 3분의 1 정도 줄여 앞쪽으로 나아가 앉아야 적극적인 인상으로 비춰진다.

퇴장하는 모습도 제각각이다. "감사합니다"라고 인사한 후 공손히 나가는 사람이 대부분일 거라고 상상하겠지만, 면접이 끝날 무렵에는 안도감, 후회, 아쉬움 등이 혼재되어 그야말로 '멘붕' 상태가 되게 마련이다. 그래서 아무 말 없이 돌아서서 나간다든지, 고개만 겨우 숙이고는 고개를 들지도 못한 채 뒤돌아 나가는 경우가 많다. 나가면서 전등 스위치를 눌러 면접장이 캄캄해진 적도 있었다. 아마도 절약정신이 투철한 집안에서 자란 사람일 거라 생각한다. 당황하면 본성이 나오게 마련이다.

비서 채용면접에서는 퇴장하는 모습이 확연히 다르다. 공손히 인사만 하고 나가는 정도가 아니라 일단 공손히 인사를 하고 난 후 몇 걸음 뒷걸음쳐서 문가에 가서야 뒤돌아 나가는 경우가 대부분이다. 비서 채용면접에서는 이렇게 하지 않으면 좋은 인상을 주기 어렵고, 일반 직원 면접에서는 이런 행동 하나만으로도 무언가 다른 사람으로 좋게 기억되기도 한다.

공식적인 평가 항목에는 해당하지 않지만, 면접이 시작되기 전부터 끝나고 나서의 태도까지 모든 것이 구직자를 판단하는 요소가 된다. 또한 구직자의 면모를 다시 생각하게 만드는 상황이 벌어질 수도 있다. 돌

발적인 상황으로 시작되었지만 수차례 반복되면 어쩔 수 없이 평가요소
로 작용하기도 한다. 그러므로 구직자는 편안한 마음을 가지되 면접을
마치고 집으로 돌아오는 순간까지 흐트러져 있어서는 안 된다.

최강 스펙 구직자의 탈락 이유

면접에서 떨어졌다면 분명 이유가 있을 테고, 그 이유를 파악해야만 다른 면접에도 대비할 수 있다. 면접을 진행한 회사에서 알려주면 좋겠지만, 회사는 불행히도 구체적인 점수나 이유를 말해주지 않는다. 내부의 기준이 드러나는 것은 물론이고, 다른 구직자들에게도 노출될 수 있기 때문이다. 게다가 단 한 명에게 알려준다 해도 소문이 나면 수백에서 수천 명에 이르는 구직자들의 면접 컨설팅을 담당해야 한다.

간혹 본인이나 자녀가 불합격한 이유를 알려달라고 집요하게 항의성 전화를 해오는 경우가 있다. 그러나 탈락 이유를 한 마디로 말하기는 매우 어렵다. 불합격자의 대부분은 근소한 점수 차이로 합격권 밖으로 밀려났기 때문이다. 그리고 이렇게 항의를 해오는 이들을 보면 대부분은 다음과 같이 결정적인 약점이 발견돼서 탈락한 경우다.

1. 이력서 내용과 면접의 불일치가 발견되고 그것이 고의적이고 부정직한 내용일 때
2. 자기소개서 내용이 전반적으로 부실하고 성의가 없을 때
3. 가정사의 불안정으로 심리적·정서적 불안정이 의심될 때
4. 학창시절을 불성실하게 보냈고 기본적인 인성에 의구심이 들 때
5. 체력적·정신적 나약함이 발견될 때
6. 조직 적응력에 대한 의구심이 들 때
7. 해당 기업의 문화나 가치에 부합하지 않을 때
8. 커뮤니케이션 능력과 논리성이 미흡할 때
9. 적극성이 부족하고 성실성이 의심될 때
10. 비현실적·몽환적·이상적인 면모가 엿보일 때
11. 반사회적·반정부적 성향이 드러날 때
12. 필요 이상의 초과 능력 보유자
13. 물질적 보상에 지나치게 관심을 보일 때
14. 비윤리적이고 불법적인 과거 행적이 드러날 때
15. 기타 신입사원으로 적합하지 않은 면모가 드러날 때

명문대를 우수한 성적으로 졸업하고 입사에 필요한 모든 면이 잘 준비되어 있어 서류전형은 거의 통과하는데 면접에서는 모두 탈락하는 여

학생이 있었다. 우리 회사 신입사원이 개인적으로 면담을 부탁해서 그녀를 만나 이야기를 들어보기로 했다. 회사에 나타난 그녀에게 나는 제일 먼저 물었다.

"면접 보러 갈 때도 옷을 이렇게 입나요?"

허리까지 내려오는 긴 생머리에 발목을 덮는 하얀색 원피스를 입고 왔는데, 아니나 다를까 그렇다고 했다. 청순가련한 만화 여주인공을 연상시키는 외모였다. 목소리까지 외모와 어울리게 가녀리기 그지없었다.

"이런 복장이나 헤어스타일은 나약하고 소극적이고 자기방어적인 첫인상을 줄 수 있습니다. 그러니 머리는 짧은 머리까지는 아니더라도 어깨 길이만큼은 자르고, 긴 원피스 대신 회사원들이 즐겨 입는 정장 원피스나 투피스를 입으세요."

"저어…… 그런데 저는 다리에 콤플렉스가 있어서 종아리가 드러나는 옷은 입지 않아요."

다리에 콤플렉스를 가질 만큼 심한 화상이나 수술한 흔적이 있으려니 생각했다. 하지만 그녀가 긴 치마를 고집하는 이유는 내 예상과 달랐다.

"발목이 두껍거든요."

그토록 가냘픈 몸에 발목이 두꺼워봤자 얼마나 두껍겠는가. 스스로가 정한 틀에 갇혀 있는 모습이 안타까웠다.

알고 보니 친구들도 이미 옷차림에 대해 여러 차례 충고를 했지만 그녀는 결코 인정을 하지 않았다고 한다. 그러나 내게 와서도 같은 이야기를 듣고는 변신을 결심했다. 사실 변할 생각이 있었기 때문에 상담도 청했을 것이다.

학점이나 토익 점수 등이 서류전형 기준에 미달한다면 면접의 기회조차 얻지 못한다. 하지만 서류전형에 합격하고도 계속 낙방하고 그 이유도 모르겠다면, 비싼 돈 들여 취업 컨설턴트를 찾을 게 아니라 합격한 친구들이나 선배들을 찾아가 조언을 구하는 것도 현명한 방법이다. 자신은 너무 익숙해서 발견할 수 없었던 단점을 찾아 고칠 수 있는 좋은 기회이기 때문이다.

리더십보다 팔로어십

몇 달간의 신입사원 채용전형은 구직자에게 최종 합격 통보를 보내는 것으로 마무리된다. 몇 해 전부터는 합격자 부모에게 축하 화분과 와인, 대표이사 이름의 감사편지도 보낸다.

존경하는 부모님께

안녕하십니까? ○○○사 경영을 대표하고 있는 ○○○ 사장입니다. 먼저 하시는 일과 가정에 축복이 가득한 한 해가 되시기를 진심으로 기원합니다.

귀하의 자녀는 90대 1의 치열한 경쟁을 뚫고 최종 합격하여 현재 직장인으로 거듭나기 위한 교육을 받고 있습니다. 그동안 머리로만 받았던 학교 교육과 달리 몸과 마음으로 느끼는 교육으로, 자녀분이 훌륭한 사회인으로 성장하는 데 좋은 밑거름이 될 것입니다. 앞으로도 회사는 이들이 끊임없이 배우고 발전하여, 회사의 미래를 이끄는 멋진 리더로 거듭날 수 있도록 지속적인 관심과 노력을 아끼지 않겠습니다.

회사에서 그 어떤 자산보다도 가장 소중한 것은 인재, 곧 사람입니다. 얼마만큼 좋은 인재들이 많이 있느냐에 따라 그 회사의 존폐가 좌우된다고 해도 과언이 아닙니다. 특히 올해는 회사가 경기침체를 극복하고 새로운 도약의 발판을 마련하기 위한 매우 어렵고도 중요한 한 해가 될 것입니다. 이를 위해서는 그 어느 때보다도 우수하고 성실한 인재가 절실히 필요하며, 그 중심에는 큰 잠재력을 가지고 있는 귀하의 자녀가 있습니다. 이렇게 희망찬 미래의 주역이 될 자녀를 인재로 맞이할 수 있게 되어 저희 2,500여 명의 회사 임직원 모두 기쁘게 생각합니다. 어엿한 사회인으로 키워주신 부모님께 감사의 말씀을 꼭 드리고 싶습니다.

그런 의미에서 회사에서 작은 선물을 마련하였습니다. 그중에서 와인은 자녀분이 교육을 성공적으로 마치고 사회인으로서 첫 발을 내딛는 것을 가족 모두가 함께 축하하는 자리를 마련했으면 하는 마음에서 드리는 것입니다. 부디 자녀분이 초심을 잃지 않고 끝까지 정진할 수 있도록 지속적인 응원과 격려 부탁드립니다. 회사도 애정과 지도를 아끼지 않겠습니다.

감사합니다.

합격자 부모에게 감사 편지와 축하 선물을 보내는 데는 다른 회사에 인재를 빼앗기지 않으려는 회사의 전략이 들어 있다. 요새는 합격자와 부모를 함께 초대해 호텔에서 성대한 입사 환영회를 열어주는 기업도 늘어나고 있다. 부모들은 주변에 자랑을 하게 마련이고, 부러움과 축하를 동시에 받는다. 감격적인 순간일 수밖에 없다. 선물받은 와인을 혼자 마실 리도 없다. 아예 동네잔치를 벌이기도 한다. 부모님이 눈물을 펑펑 쏟으셨다는 이야기를 듣기도 한다.

비록 작은 선물이지만 구직자와 그 가족들에게 회사의 정성을 전하기에는 충분해서, 이중 합격자라면 우리 회사를 선택하게 하는 데 톡톡한 효과가 있다.

이 제도를 시행한 지 10년이 가까워오는 동안 딱 한 번 답장을 받은 적이 있다. 합격자의 아버지였다.

부족한 우리 딸을 훌륭한 회사에서 채용해주신 것도 감사한데, 축하 화분과 와인까지 보내주시니 대단히 감사드립니다. 제가 취직되었던 때보다 더 기쁘고, 제 일생을 통틀어 가장 기쁘고 감격적인 일이었습니다. 제 딸은 어려서부터 부모 속 한 번 썩인 일 없이 얌전하고 성실하게 커온 착한 아이입니다. 말수도 적고 얌전하기만 해서 과연 회사면접을 잘 볼 수 있을까 걱정을 하기도 했는데, 잘 알아봐주시니 감사드립니다. 얌전한 제 딸아이는 장래 팀장감은 못 되어도 남의 말을 잘 따르기는 합니다. 이 점 기억해주셔서 부족한 제 자식에 대해 많은 지도편달 부탁드립니다. 다시 한 번 회사의 따뜻한 배려에 감사드립니다.

난 아래와 같이 답장을 보냈다.

따님은 회사에서 꼭 필요한 인재로 성장할 테니 마음 푹 놓으셔도 됩니다. 같이 입사한 80명이 갖고 있지 않은 장점을 가지고 있기 때문입니다. 그들은 뛰어난 리더십을 가지고 있고, 장래의 팀장, 사업부장 후보들입니다. 하지만 따님은 팔로어십을 갖춘 유일한 인재입니다.

실제로 그 사원은 회사에 꼭 필요한 인재로 성장하고 있다. 똑똑하고 유능한 사람도 중요하지만, 맡은 일을 성실하고 겸손하게 해나갈 사람이야말로 회사가 필요로 하는 인재의 조건에 부합하는 사람이다.

모든 구직자들이 본인은 남보다 뛰어난 면이 있고, 남보다 앞서 무언가를 성취했고, 어디에 있었건 그곳에서 훌륭한 리더 역할을 해왔다고 자랑한다. 하지만 그것이 전부는 아니다. 진정한 리더십이란 한 사회나 조직의 리더로서 필요한 자질과 요건을 모두 갖추어야 할 뿐 아니라, 그 구성원들을 감동시켜서 따르게 할 수 있어야 한다. 진정한 리더의 덕목으로 경륜, 역사의식, 비전 등을 꼽지만 제일 중요한 것은 자기희생 정신 the spirit of self-sacrifice이다. 봉사활동을 요구하는 것도 그런 맥락에서다.

스스로 돋보이려 애를 쓰는 것이 면접이긴 해도, 자랑도 지나치면 화를 부른다. 리더십을 내세우기보다 팔로어십을 내세워야 할 때도 있고, 겸손함과 성실함이 돋보일 때도 많다.

청년이여, 용기를 가져라

당신이 면접관이라면 어떤 사람을 선발하겠는가?

17년간 인사·교육 부서에서 근무해온 나의 원칙은, '나보다 뛰어난 사람'이다. 신입사원 시절의 나보다 더 총명하고 더 열정적인 사람, 장차 내 정도 직급이 되었을 때 나보다 더 회사에 공헌하는 바가 크겠다는 생각이 드는 사람을 뽑는다. 다만 아무리 명민하고 능력 있어도 자신의 성공만을 위해 달려나갈 사람이라면 곤란하다. 동료들과 잘 어울리고 후배들도 잘 챙겨서 좋은 평판을 얻을 사람일지를 떠올려봤을 때, 좋은 그림이 그려지는 사람이어야 한다.

최근 기업에 필요한 최적의 인재를 보다 객관적이고 공정하게 선발하기 위해 도입한 '구조적 채용기법'이 대내외 전문가 집단을 통해 개발되고 있다. 기업의 면접관들은 이 기법을 숙지하기 위해 합숙교육까지 받는다. 하지만 그런 복잡한 절차를 통해 뽑아놓은 직원들은 어떤 점이

다를까? 아이러니하게도 수천 년 전 고전에 등장한 채용 기준으로 선발했어도 결과는 별반 다를 바가 없다는 생각이다. 사람이 사람을 보는 기준은 크게 달라질 게 없기 때문이다.

당나라 시대의 문헌 《선거지選擧志》에는 관리를 채용하는 네 가지 기준이 나온다. 바로 신언서판身言書判이다.

신身은 외모로, 풍채와 외형이 반듯하고 훌륭한 것을 말한다.

언言은 말씨로, 언변이나 말투가 분명하고 진실한 것을 뜻한다.

서書는 문필력으로, 문장력 있고 글씨체도 굳고 아름다운 것을 말한다.

판判은 판단력으로, 이치에 밝고 현명한 판단력이 있는 것을 뜻한다.

당나라에서는 이 가운데 덕을 많이 베푼 사람, 재능이 뛰어난 사람, 노력하는 사람을 등용했다. 단정한 외모에 좋은 언변, 문서작성 능력과 판단력을 갖춘 사람 가운데 봉사활동 이력과 재능, 노력하는 모습을 감안해서 최종 결정을 하는 것이니 3천 년이 지난 현재의 채용 기준과 다르지 않다.

이렇듯 엄격한 채용 기준을 갖고 구직자들을 대하면서도, 마음 한편으로는 탈출구가 보이지 않는 불황으로 유례없는 취업난을 겪고 있는 그들에게 미안한 생각이 든다. 첩첩이 쌓여 있는 구직자들 가운데 소수를 선발하기 위해 채용 방식은 점점 더 진화할 수밖에 없는데, 이는 구직자들로 하여금 더 많은 시간과 비용을 부담하도록 만들기 때문이다.

학교에서 전공이나 교양 수업 대신 취업을 위한 면접 기법을 가르치는 수업을 듣는 것도 모자라, 구직자들은 아예 취업 컨설팅 업체를 통해 적지 않은 비용을 들여가며 자기소개서 작성법과 면접 기술을 학습하고 있다. 이로 인해 구직자들의 수준은 상향평준화되어 '스펙 인플레이션' 현상이 일어나고, 이는 변별력이 떨어지는 난감한 결과로 이어진다. 그래서 기업은 더 복잡하고 구조적인 채용 시스템을 도입한다.

취업하기도 전에 이미 연봉보다 많은 학자금 빚을 지고 있는 구직자들은 취업을 준비하느라 추가 비용을 부담하고 있다. 취업마저 경제력을 갖춘 사람이 유리한, 빈익빈 부익부 현상이 적용되고 이로 인해 신분상승의 기회가 더더욱 줄어드는 것은 국가적·사회적 문제다.

그렇다고 초등학교 때부터 선행학습, 족집게 과외에 길들여진 나머지 취업까지 다른 사람의 힘을 빌려 준비한 사람이 더 유리하다고 볼 수는 없다. 취업을 통해 사회로 첫걸음을 내딛는 청년들에게 필요한 것은 학원과 과외에서 배운, 예쁘게 다듬어진 자기소개서와 발표 시나리오가 아니다. 아직은 투박할지언정 기본적인 바탕과 통찰력 그리고 열정이다. 기본을 제대로 갖추는 일이 오히려 차별화 전략이 될 수 있다.

이 책을 통해 많은 구직자들이 면접 현장에서 일어나는 다양한 상황과 그 인과관계를 이해하고, 이를 판단하는 면접관의 입장을 이해해서 취업에 자신감과 용기를 갖기 바란다. 이 책을 읽는 모든 청년들의 앞날에 행운이 깃들기를 진심으로 응원한다.

감사의 말_

　　이 책이 나오기까지 도움을 주신 분들이 참 많다. 인생의 스승이자 직장생활의 선배로서 아낌없는 조언을 주신 아버님, 한 라운드에서만 네 번을 다운당하고도 포기하지 않고 인생에서도 멋진 챔피언의 모습을 보여주신 홍수환 선생님, 세상의 오해와 편견 속에서도 도전정신을 잃지 않는 팝아티스트 낸시 랭, SK텔레콤 김신배 사장님, 포스코 김영헌 전무님, 최응빈 부장님, 글로벌리더십센터 유선희 센터장, 포스코 경영연구소 오인경 상무님, 포스코ICT 허남석 사장님, 안윤 상무님, 이하 HR그룹 식구들, 한근태 한스컨설팅 대표님, 신경수 아인스파트너사 대표님, 아이러브안과 박영순 원장님, 한서돌 양현욱 대표님, PLIM아카데미 송인석 본부장, 독서경영연구소 윤정은 소장, 다음커뮤니케이션즈 김수현, 포스코ICT 정상훈, 이지엠휴먼월드 임미경 이사님, 민족문화콘텐츠연구소 김세리 실장 그리고 자신들의 입사 경험을 아낌없이 전해준 여러 신입사원 후배들에게 이 책을 바친다.

성공한 자기소개서 모음

인터넷 포털 서비스 업체 경력사원

1. 자기소개 (1,300자, 자유롭게)

호기심이 많은 김○○

저는 호기심이 많고 다양한 분야에 관심이 있습니다. 궁금한 점이 있으면 그때그때 해결해야 하고, 하고 싶은 일이 생기면 도전합니다. 이런 점은 제가 넓은 시각을 갖고 폭넓은 사고를 할 수 있도록 해주었습니다.

저는 운동을 좋아합니다. 취미생활로 자전거, 수영, 마라톤, 테니스를 하고 있으며 네 종목 모두 아마추어 대회에 나갈 만큼의 수준급입니다. 예술과 인문학에도 관심이 많아 관련 서적을 찾아 읽고 인터넷 강좌도 듣고 있습니다. 10개월 전부터 바이올린도 배우고 있는데 이제 간단한 춤곡 정도는 연주할 수 있는 실력이 되었습니다. 바이올린 연주는 다양한 사람들과 교감할 수 있는 통로가 되어주기도 했습니다.

관심사가 다양하고 사고도 다각도로 하다보니 일을 할 때도 도움이 되었습니다. 저는 품질관리업무를 담당했지만 원가 절감이나 생산 과정, 작업 환경 등에도 늘 관심을 갖고 있었습니다. 그래서 본업을 수행할 때도 다각적으로 문제점을 파악할 수 있었고 다양한 입장을 헤아리는 데 도움이 되었습니다.

다양성을 인정하는 사람 김○○

저는 다양한 배경의 사람들과 잘 어울립니다. 새로운 환경에서 낯선 사람들과도 쉽게 친해집니다. 학창시절에는 다른 학과 친구들과도 잘 지냈고 회사에서는 여러 부서의 각각 개성을 가진 사람들과 두루 어울렸습니다. 이렇게 다양한 사람들을 만나면서 각자 생각의 범위와 기준이 다르다는 점을 깨달았고, 다른 성향의 사람들을 인정하고 개성을 존중할 줄 알게 되었습니다. 나와 생각이 다르고 경험이 다른 사람들과 협력하는 방법도 배웠습니다. 또 활발하고 낙천적인 성격, 개방적인 사고방식을 바탕으로 함께 일하는 사람들을 배려하고 이해하면서 많은 사람들이 만족할 만한 합의점을 도출해내기 위해 노력해왔습니다.

한계를 극복하고 새로운 것을 찾아나가는 김○○

저는 자기계발을 통해 끊임없이 변화를 추구합니다. 그리고 더 큰 가능성에 도전하기 위해 노력합니다. 공과대학에 진학한 후 저는 배움에 한계를 느꼈습니다. 한계가 있다면 극복해야 했기에 편입을 결심했습니다. 다양한 실험 기회 제공 등 배움의 기회가 많은 ○○대학교를 목표로 공부해서 편입에 성공했습니다. 편입 후에는 제가 원하던 실험과 설계에 열정을 갖고 참여했고, 창의적인 활동에 적극적으로 나섰습니다. 그 결과 3학년 1학기 창의설계 대회에서 최우수상을 수상하고 제가 개발한 시험기기가 특허 출원되는 좋은 성과도 얻었습니다.

고민이 많은 김○○

다가올 상황과 일을 미리 걱정하고 고민하는 것이 제 단점입니다. 하지만 저는 이 단점을 불확실한 미래를 대비하고 앞으로의 계획을 설계하는 핵심 능력으로 활용하려 합니다. 모든 가능성에 대비할 수 있는 다각적인 정보 분석 능력과 신중한 판단력으로 계발하기 위해 노력하고 있습니다. 그래서 업무를 수행하며 생길 수 있는 일에 대비하고 유연하게 대처해나갈 수 있는 능력을 발휘할 것입니다.

2. 경력사항(1,300자)

함께 일하는 사람은 모두 나의 고객

저는 세계적인 철강기업 ○○○ 품질기술부에서 근무했습니다. 데이터를 통해 품질 불량 및 편차 원인을 분석해서 품질을 개선하는 일, 고객의 요구에 맞는 품질 설계를 하는 일, 신제품을 개발하는 일이 주된 업무였습니다.

정기적으로 고객사를 방문해 고객의 소리를 들었습니다. 여러 고객사를 다니며 소재가격 상승으로 박물소재 사용량을 늘리고 있는 트렌드를 파악했습니다. 이를 근거로 현재 생산하고 있는 제품의 최저 두께인 0.15mm 보다 얇은 0.14mm의 니즈와 주문 의사를 파악하고 회사에 제품개발을 제안했습니다. 그러나 작업부서에서는 설비 능력은 있지만 작업이 어렵다는 이유로 반대했습니다. 그래서 저는 생산현장의 작업자와 직접 대화를 하며 작업의 어려움에 대한 의견을 들어보고 가능성에 대해 함께 고민했습니다.

이렇게 현장에서 직접 조사한 자료와 작업자들의 의견, 그들과 함께 검토한 가능성을 바탕으로 작업 조건과 제품 사양을 설정했습니다. 작업부서에서 "어렵지만 해보자"라는 긍정적인 협의를 얻어내어 테스트를 실시했고 결국 제품개발에 성공했습니다. 첫 주문 300톤을 시작으로 국내 및 해외 고객사에서 추가로 500톤을 주문받았습니다. 앞으로 이 수요는 점차 증가할 것으로 예상됩니다.

데이터로 설득하라

저는 많은 데이터를 분석해서 품질 문제를 파악하고 개선하는 업무를 수행했습니다. 편차 원인을 분석하기 위해 수십 가지 항목으로 구성된 방대한 데이터를 가공하고 여러 가지 통계 툴을 이용해서 원인을 규

명합니다. 그러나 원인이 밝혀져도 해당 부서는 인정하지 않고 생산량과 작성 특성을 이유로 개선 작업에 적극적으로 협조하지 않습니다. 저는 그들을 설득하기 위해 과학적으로 분석된 데이터를 활용하고 학술적인 근거로 이를 뒷받침했습니다. 이와 관련된 고객 불만 데이터를 수집하고 개선되지 않을 때 앞으로 발생하게 될 손실을 면밀히 검토하고 데이터화 해서 관련부서를 설득했습니다. 그 결과 문제가 되는 해당 공정의 작업 관리는 엄격한 기준으로 운영되고 있으며 장기적인 효과를 검증 중에 있습니다.

3. 지원 동기(500자, 상세히 기술)

제가 가치를 두고 있는 것을 추구할 수 있고 제 성격과 경험이 시너지를 창출해낼 수 있는 업무를 하고 싶습니다. 저는 사람들의 말과 행동, 생각의 원인을 탐구하기를 즐기며 이에 큰 가치를 두고 있습니다. 이러한 성향을 바탕으로 새로움을 창출해내는 일을 하고 싶습니다. 또한 호기심이 많고 다양한 것에 관심이 있는 성격은 기획 업무에 필요한 다양한 정보를 수집하는 데 도움이 될 것입니다.

기획 업무는 넓은 시각으로 다양한 현상을 파악해야 한다고 생각합니다. 사람과 현상을 공학 전공자의 관점으로 바라보는 저는 관리부서에 또 다른 시각을 제시할 수 있을 것입니다. 또한 많은 데이터를 분석하여 의미 있는 결과를 도출했던 업무 경험은 데이터를 체계적으로 분석해 검색 사용자의 복합적인 의도를 파악하는 데 큰 몫을 해낼 것입니다.

저는 개인의 생각을 존중해주는 환경에서 함께 일하고 싶습니다. 귀사에서 검색 기획 업무를 하는 것은 이를 충족시켜줄 수 있으리라 생각합니다. 때문에 저는 자신감과 애정으로 즐겁게 일할 수 있을 것입니다. 이를 통해 저의 발전은 물론 회사에도 큰 성과를 가져다줄 것이라 확신합니다.

4. 가장 많이 이용하는 ○○서비스(500자)

귀사의 뉴스 서비스를 가장 많이 이용합니다. 가장 보기 좋은 위치에 자리하고 있는 뉴스 서비스는 최근 분야별 이슈와 세상 이야기를 신속하게 전해주는 좋은 통로입니다. 매일 다양하고 새로운 뉴스를 접하고 다양한 사람들의 의견을 보면서 세상을 이해하고자 노력하고 있습니다.

○○뉴스는 다른 포털보다 다양한 '관련 기사'를 연관시켜 링크해줍니다. 인터넷 언론매체에서 제공하는 뉴스는 대부분 간략해서 더 많은 정보를 원할 때가 많습니다. ○○뉴스 하단에 제시되는 '관련 기사'는 많은 정보를 원하는 소비자의 욕구를 충족시켜주는 서비스입니다. 때문에 저는 다른 포털 뉴스보다 ○○뉴스 서비스를 애용합니다.

뉴스와 관련된 ○○○의 글이나 게시판이 뉴스 서비스와 유기적으로 연결되었으면 하는 바람입니다. ○○○에는 뉴스 댓글에 비해 다양한 사람들의 심도 깊은 생각이 올라옵니다. '관련 기사'와 연계하여 유기적으로 ○○○에 접근할 수 있다면 더 많은 사람들이 다양하게 커뮤니케이션을 할 수 있을 것입니다.

이 자기소개서의 주인공은 작업복을 입고 근무하는 철강제조업 생산현장에서 2년간 근무하다가 인터넷 포털 서비스 업체로 전직하는 데 성공했다. 상반된 업종이지만 별도의 구직 준비 기간 없이 잘 쓴 자기소개서만으로 가능했다. 자기소개서라기보다는 한 편의 자서전처럼 멋진 글이다. 스토리텔링만 잘된 것이 아니라 공학도답게 모든 것에 구체적인 근거를 제시하고 있는 점을 칭찬하고 싶다.

취미생활도 단순히 여러 가지를 열거만 하는 게 아니라 '아마추어 대회에 나갈 만한 수준'으로 표현했고, 첼로는 '10개월 전부터' 배웠다고 구체적으로 언급했다. 게다가 데이터를 통해 현장부서를 설득했던 이야기를 통해 업무 수행 능력과 일하는 방식을 잘 어필했다.

다양한 취미 활동으로 어필한 여러 분야에 대한 관심이 학업과 업무 전반에 걸쳐 어떻게 영향을 미치고 장점으로 작용했는지 잘 엮어 표현했다. 이런 스토리텔링이 이어져 전혀 관련 없어 보이는 철강제조업 현장직에서 인터넷 포털 업체 기획부서로의 멋진 변신을 이끌었다.

자동차 회사 신입사원

1. 자기소개(400자 이내)

보이지 않는 유산

넉넉지 못했던 집안에서 태어난 덕에 자립심을 가질 수 있었고, 장손으로 태어난 덕에 동생들을 돌보며 책임감과 리더십을 기를 수 있었습니다. 또한 어른과 아이의 중간 역할을 하며 가정의 평화를 지키는 법과 사람의 의중을 보는 법을 배웠습니다. 이러한 '보이지 않는 유산'을 바탕으로 학원 교사부터 아파트 상단에 건설사 로고 도색하는 일까지 10여 개의 각기 다른 아르바이트 경험과 총 390시간에 걸친 봉사활동 경험을 갖게 되었습니다. 현재는 과대표로서 그 유산의 영향력을 발휘하고 있습니다. 다양한 경험으로부터 타인에 대한 이해와 배려심을 더욱 성장시킬 수 있었고 전체를 통솔하기 위한 통찰력과 직관력을 배웠습니다.

2. 성장 과정

다다익선

"너는 못하는 게 없니?" 제가 가장 듣기 좋아하는 말입니다. 무슨 일이든 도전하는 것을 좋아하는 적극적인 성격 탓에 다방면에 특기와 경험이 있습니다. 중학교 시절에는 축구부에서 오른쪽 날개 역할을 맡아 활동했고, 고등학교 시절에는 3-on-3 길거리 농구대회에 나가 우승한 경험도 있습니다. 스포츠 활동뿐 아니라 교내 밴드에서 드럼 연주자를 맡아 인사동과 마로니에 공원에서 공연도 했습니다. 캐나다에서는 YMCA 대강당에서 아리랑 공연을 했습니다. 아리랑 공연이란 교민 2세 이상을 대상으로 대한민국을 알리고 그들의 뿌리를 깨닫게 하자는 취지로 만들어진 문화 공연입니다. 이처럼 협동심을 발휘해 선을 이루는 일이라면, 무슨 일이든 많이 경험하면 할수록 좋다고 생각합니다. 다양한 경험으로부터 타인에 대한 이해나 배려심이 성장하고, 전체를 통솔하기 위한 통찰력을 배울 수 있기 때문입니다. 또한 어떤 일을 하든지 그 일에 가장 효율적이고 효과적인 방법이 자연스레 떠오르는 직관력도 터득할 수 있기 때문입니다.

3. 봉사/동아리/사회연수 경험

열정을 다하면 변화시킬 수 있다

행정안전부가 주관하는 비영리 민간단체 공익활동 지원사업 '사랑쌤 영어교실'의 봉사자로 활동하던 때였습니다. 경기도의 한 지역아동센터에서 봉사했는데 그곳에는 고아나 형편이 어려운 아이들이 많았습니다. 당시 저는 강남의 영어학원에서 초등학생들을 대상으로 시간제 강사를 하고 있던 때라 극과 극의 비교를 할 수 있었습니다. 우선 지역아동센터의 아이들은 학업 성취도 면에서 많이 뒤처져 있었고, 감정의 기복이 매우 심했습니다. 군대 시절 상담병을 했던 저라 사람의 성향은 가정 환경의 요인이 크다는 사실을 알았기에 더욱 안타까웠습니다. 그래서 우선 그들이 저를 좋아한다면 영어 학습도 좋아질 것이라 믿고 인간적이고 다정한 친구로 대했습니다. 호칭도 선생님이 아닌 제 이름을 부르도록 했고 쉬는 시간에는 운동도 같이하고 게임도 함께했습니다. 주중에 두 번 가는 봉사활동이었지만 학점도 적게 신청하고 봉사활동에 열정을 다했습니다. 그 결과 평균 성적이 30점대였던 학생들이 불과 4개월 만에 60점대로 올랐고 영어를 재미있고 즐거운 것으로 받아들였습니다.

4. 경험 및 도전적 목표에 대한 성취 사례

인연과 나비효과

전역 후 한 조교의 추천으로 실험실에 들어갔고, 그곳에서 국방부에 근무하다가 석사 과정에 진학한 분을 만나게 됩니다. 약 서른 살의 나이 차이에도 동기간처럼 친해지게 되었습니다. 당시 영어에는 전혀 관심이 없었지만, 그분을 통해 영어의 필요성과 인생에서 가져야 할 귀한 마음가짐을 배울 수 있었습니다. 그래서 넉넉지 못한 형편이었지만 외국에 갈 꿈을 꾸게 되었고, 약 4개월을 밤에는 술집의 야간 매니저로 낮에는 과외 선생으로 일해 번 돈으로 영국 연수를 떠났습니다. 한 명도 아는 사람이 없었고 남들처럼 어학원을 다닐 만한 여유가 없어 발품을 팔아 알아낸 봉사 활동이나 무료 영어 프로그램을 통해 공부했습니다. 샌드위치

가게에서 일도 했습니다. 그 과정에서 다양한 부류의 사람들을 만날 수 있었습니다.

가장 친하게 지내던 사람 가운데는 ○○대학교 경제학 교수도 있었습니다. 그는 아내를 불의의 사고로 먼저 보낸 상처가 있었습니다. 그 교수님이 추천해주셔서 ○○대학교의 마케팅 과정을 수강하게 되었습니다. 영어를 배운 지 7개월밖에 되지 않아 생활도 힘든 상태였지만 영국의 대학교를 느껴보고 싶었고 어떤 차이점이 있는지 알고 싶어 수강을 결정했습니다. 수업은 이해하기 어려웠지만, 많은 친구는 사귈 수 있었습니다. 결과적으로 보면 큰 성과는 이루지 못했지만, 현지의 대학을 느끼고 대학생들과 친구가 되고 함께 공부했던 기억은 제 학업에 큰 밑천이 되었습니다. 숱한 고생을 했지만 뒤돌아보면 그 모든 기억이 지금의 저와 미래의 저를 위한 소중한 단련의 과정이었던 것 같습니다. 또한 국제화 시대의 태도를 배우고 개인주의에 대한 편견을 버리는 계기도 되었습니다. 무엇보다 다양성과 개성을 인정할 줄 아는 태도를 갖게 되었습니다.

5. 직무 경험

경험은 금이다

영국 유학을 준비하며 자금을 모으던 시절이었습니다. 기왕 해야 하는 일이라면 특별하고 도움이 되는 일을 하고 싶어 100평 규모 술집의 야간 매니저로 지원했습니다. 제 업무는 시간제 아르바이트생을 고용하는 일, 요일별 매출을 고려해 인원을 적절히 배분하는 일, 업무 시간 이후 총 정산과 필요한 물품 목록 작성 및 구매, 창고 크기를 고려해 입고 날짜를 조율하는 일 등 주로 경영적인 업무였습니다. 이러한 직무 경험을 통해 인원과 자원을 효율적으로 다루는 방법에 대한 통찰력을 얻을 수 있었습니다.

6. 희망 직무 및 입사 후 포부(희망 직무의 성공적 수행을 가정해 기술)

일만 시간의 법칙

일만 시간은 세계적 수준의 전문가가 되기 위해 필요한 최소 시간을 의미합니다. 10년의 법칙으로도 알려졌습니다. 인턴 과정 이후 신입사원 공채에 지원해서 10년 안에 ○○그룹뿐 아니라 동종 업종에서 유명한 품질관리 엔지니어가 되고 싶습니다. 최근 불거진 도요타 사태가 보여주듯 품질은 깐깐함을 요하지만 제일 중요한 기업의 심장과도 같은 것입니다. 특히 자동차는 사람의 생명과 직접적인 관계가 있어 더욱더 완벽한 검사를 요합니다. 나노 단위의 미세 공정을 공부하며 그 고단함과 깐깐함 그리고 완벽함에 익숙해져 왔습니다. 합리적인 판단으로 업무를 처리하고, 동시에 동료를 독려하며 목표와 지향점을 제시하는 일도 게을리하지 않겠습니다. 그래서 지난 66년 동안 대한민국뿐 아니라 세계 167개 국을 달려온 ○○자동차의 이름을 드높이고 글로벌 마인드를 추구하는

회사의 전통을 유지하겠습니다. 최초를 달려온 ○○자동차의 전통처럼
항상 변화하며 미래의 최초를 만들어가겠습니다.

★면접관의 한마디★

국내 대기업 열 곳 이상에 합격한 우수한 이력의 신입사
원이 썼던 자기소개서다. 그리 색다른 시도나 표현은 찾
아볼 수 없는 보편적인 내용이지만, 각 주제별 내용들이 무리 없이 순조
롭고 논리적으로 전개되었다. 평범한 내용이지만 본문에 앞서 내용을 요
약하는 제목을 달아 어필하고자 하는 바를 명확히 전달하고 있다.

1. 우리 회사에 지원하게 된 동기와 희망 근무 분야 및 그 이유를 기
   술해주십시오.

최근 수많은 인명 피해를 낳은 일본 원전 사고에서 볼 수 있듯이, 불
안전한 운용은 많은 인명 피해를 낳을 수 있습니다. 같은 사례의 반복을
피하기 위해 엔지니어의 안정적인 서비스 제공과 효율적인 시스템 구축
은 그 필요성이 더욱 부각되었습니다. 원전 기술은 단순히 에너지 발전
뿐 아니라 인류에 더욱 큰 책임감을 갖게 되었습니다.

제가 ○○사에 입사하려는 동기는 귀사가 지향하는 원전 제어 장치
국산화에 매료되었기 때문입니다. 제 꿈인 인류에 대한 공헌은 오직
○○사에서 실현시킬 수 있다고 생각합니다. 앞으로 설비 자동화 엔지니
어링 시장에서 IT융합과 친환경에 대한 수요는 계속 증가할 것입니다.
이와 같은 추세에 기존의 엔지니어링 역량과 IT기술 역량의 융합을 통해
스마트 그리드, 스마트 원자로, 전기자동차 관련 인프라 구축 같은 신사
업 분야로 진출하는 ○○사는 제가 신호 처리 및 제어 분야에서 역량을
마음껏 발휘하는 데 최적의 기업이라 확신합니다.

2. 자신의 성장 과정과 생활신조에 대해 기술해주십시오.

항상 새로운 것에 도전하는 것을 좋아합니다. 고등학교 때는 영화를 직접 제작하기도 했습니다. 영화를 좋아하는 친구들끼리 모인 것이라 어떠한 지원도 받지 못했지만 영화를 만들고 싶다는 마음 하나로 직접 소품을 구하고 사비를 털어 영화를 만들었습니다.

청소년의 방황과 우정에 관한 시나리오를 제가 썼고 직접 카메라를 들고 촬영을 했으며 또 배우가 되어 연기도 했습니다. 촬영이 너무 힘들어 다투기도 했지만 그때마다 친구들을 잘 다독여가며 한 달이 넘는 기간 동안 촬영을 하고 밤을 새워 편집을 했습니다.

이렇게 해서 저의, 그리고 우리의 16분짜리 단편영화가 완성되었습니다. 친구들끼리 가진 조촐한 시사회, 겨우 16분의 짧은 시간이었지만 제겐 평생 잊지 못할 너무나 소중한 시간이었습니다.

이런 노력이 저희에게 전국 규모의 청소년 영화제에서 유일한 인문계 고등학교 수상자라는 영광을 주었고, 청소년 문화센터 행사에서 초청작으로 상영이 되기도 했습니다. 힘든 시기를 오로지 끈기와 하고자 하는 의지로 이겨내었기에 좋은 결과가 따라왔다고 생각합니다.

노력하는 사람은 즐기는 사람을 못 이긴다는 말이 있습니다. 저는 어느 곳에서 어떤 일을 하든지 언제나 즐거운 마음으로 노력하며 항상 새로운 성취를 이룰 것입니다.

3. 자신의 경험 중에서 가장 도전적이었던 일과 그 일을 통해 배운 점
   을 기술해주십시오.

'그 여정이 바로 보상이다 The journey is the reward.' 스티브 잡스의 명언입니다. 저 역시 어떤 도전이라도 결과보다는 그 과정에서 아주 가치 있는 무엇인가를 얻을 수 있다고 생각합니다. 2009년부터 매년 참가했던 국토순례는 제 인생에서 가장 큰 도전 가운데 하나였습니다. 저의 한계를 극복하기 위해 출발한 이 여행들에서 저는 총 3회에 걸쳐 45일의 기간 동안 약 1,000km를 도보로 완주했습니다. 출발 한 달 전부터 체력을 키웠고, 매번 세밀하고 꼼꼼하게 계획을 세웠습니다. 또한 2010년의 국토순례는 제 손으로 직접 준비하고 기획한 가치 있는 배움의 기회였습니다.

4개월 전부터 하루 2~3시간씩 순례를 준비하고, 천만 원이 넘는 예산을 관리했으며, 100여 명의 참가자를 모집했습니다. 결론적으로 이 여행들을 하는 과정에서 저 자신이 강한 도전의식과 열정이 있는 사람이라는 것을 알 수 있었습니다. 이를 바탕으로 ○○사에서 항상 새로운 업무에 도전하고, 어떤 어려운 일에도 포기하지 않는 열정적인 인재로 성장하겠습니다.

4. 우리 회사가 귀하를 채용해야 하는 이유 3가지를 기술해주십시오.

첫째, 실무형 엔지니어로서의 역량을 최대치로 보여드리겠습니다. 신호 처리와 제어라는 관심 분야에서 더욱 실무적이며 프로젝트에 강한 엔지니어로서 역량을 준비하기 위해 실습형 과목들에 적극 참여했습니다. 또한 산학 협력 프로젝트 경험도 쌓을 수 있었습니다. 프로젝트에 특화된 기본 역량들뿐 아니라 집단 속에서 협업하는 모습을 보여드리겠습니다.

둘째, 글로벌 감각을 갖춘 신입사원의 모습을 보여드리겠습니다. 미군들의 교통사고 발생 시 통역 및 번역을 통해 미 헌병대와 한국 수사기관의 수사 협조를 담당하는 카투사로 근무했습니다. 언어 역량뿐 아니라 미군들과의 업무 및 생활을 통해 터득한 영미 문화에 대한 이해는 ○○의 해외 프로젝트에 크게 이바지할 수 있다고 확신합니다.

셋째, 조직 적응력이 강한 신입사원의 모습을 보여드리겠습니다. 통신업계에서의 업무가 궁금해 ○○텔레콤에서 인턴 경험을 했습니다. 두 달간의 인턴생활 동안 신입사원 못지않은 패기와 열정으로 업무에 적극적으로 임했고, 해당 부서의 선배들로부터 적응력과 인화력을 인정받아 '인턴 과장' 이라고 불릴 수 있었습니다.

국제적으로 이슈가 되었던 일본 원전 사고를 예로 들며 기술력의 중요성을 이야기했다. 그뿐 아니라 인류에 공헌하고자 하는 본인의 꿈을 연관 지어 입사 동기를 의미 있게 전개했다. 생활신조와 도전 경험 부분에서는 구체적인 사례로 도전정신과 열정을 느낄 수 있었다. 특히 채용해야 하는 이유에 대해서는 대부분 지원자들처럼 도전정신, 열정, 성실성, 노력, 헌신, 창의성, 충성도 등 보편적인 이야기로 그친 것이 아니라, 지원 회사의 업종에 관계된 업무 능력, 글로벌 감각과 어학 능력, 조직 적응력을 두루 피력하면서도 구체적인 근거를 제시했다.

면접 잔혹사

1판 1쇄 발행 2012년 10월 12일
1판 1쇄 발행 2012년 10월 19일

지은이 이충섭
펴낸이 고영수
펴낸곳 청림출판
출판등록 제406-2006-00060호
주소 135-816 서울시 강남구 도산대로 남25길 11번지(논현동 63번지)
　　　413-756 경기도 파주시 교하읍 문발리 파주출판도시 518-6 청림아트스페이스
전화 02)546-4341　**팩스** 02)546-8053
전자우편 cr1@chungrim.com　**홈페이지** www.chungrim.com

ISBN 978-89-352-0940-8 (03320)

잘못된 책은 교환해드립니다.